U0125962

茅盾家书

钟桂松 郭亦飞◎编注

台海出版社

图书在版编目(CIP)数据

茅盾家书/钟桂松,郭亦飞编注.—北京:台海出版社,2022.6(2022.8重印)

ISBN 978-7-5168-3278-3

Ⅰ.①茅… Ⅱ.①钟… ②郭… Ⅲ.①茅盾(1896—1981)—书信集 Ⅳ.①K825.6

中国版本图书馆 CIP 数据核字(2022)第 062723 号

茅盾家书

编　　注	钟桂松　郭亦飞	
出 版 人	蔡　旭	责任编辑:俞滟荣

出版发行:台海出版社

地　　址:北京市东城区景山东街 20 号　　邮政编码:100009

电　　话:010-64041652(发行,邮购)

传　　真:010-84045799(总编室)

网　　址:www. taimeng. org. cn/thcbs/default. htm

E - mail:thcbs@126. com

经　　销:全国各地新华书店

印　　刷:河北信德印刷有限公司

本书如有破损、缺页、装订错误,请与本社联系调换

开　　本:787 毫米×1092 毫米　　　　1/16

字　　数:180 千字　　　　　　　　印　　张:13.5

版　　次:2022 年 6 月第 1 版　　　　印　　次:2022 年 8 月第 2 次印刷

书　　号:ISBN 978-7-5168-3278-3

定　　价:62.00 元

茅盾简介

茅盾，原名沈德鸿，字雁冰。1896 年出生在浙江乌镇。1916 年于北京大学毕业以后，进入商务印书馆工作，在《新青年》和"五四运动"的影响下，从一个阅卷员开始，经过几年时间，成为一个面向全国的新文学杂志《小说月报》的主编，成为一个倡导新文化运动的健将。后来茅盾参加了中国共产党组织，成为中共"一大"前入党的党员之一，也是中国现代文学作家中入党最早的文学家。

在商务印书馆十年的历练中，茅盾为实现当一个职业革命家的梦想而努力；国共合作时，他参加过国民党第二次全国代表大会，并承担《政治周报》编辑工作。"中山舰事件"以后，茅盾回到上海，担任国民党中宣部的交通局主任。北伐开始，茅盾奉命去武汉军校当教官，不久，奉命到《汉口民国日报》当主笔。大革命失败以后，茅盾带着大起大落的经历，潜回上海，在一片白色恐怖风声鹤唳之际，隐居在上海的亭子间里，足不出户。他失去了党的指示，也没有了经济来源，而且还上了蒋介石追杀通缉的黑名单，但他化名"茅盾"，写出了《幻灭》《动摇》《追求》三部曲，并在自己曾经主编过的杂志《小说月报》上连载。从此，一个影响几代人的笔名"茅盾"横空出世！

原本立志当职业革命家的梦想随着大革命的失败被打破了，但是小说创作成就了一代文学巨匠"茅盾"。《虹》《子夜》《春蚕》《林家铺子》等作品，都是茅盾在四十岁之前完成并问世的。

抗日战争爆发后，茅盾奔波香港、新疆、延安、重庆等地，居无定所，然而在此期间，他却写出了《霜叶红似二月花》《白杨礼赞》等传世之作。同时茅盾的生活和创作始终与进步力量在一起，走在时代前列，赢得中国共产党的肯定和赞许。

1945年，茅盾五十初度，中国共产党在重庆，为茅盾举行了简朴而热烈的庆贺活动，成为茅盾一生中的荣光。

中华人民共和国成立以后，茅盾出任文化部部长、中国作家协会主席。在新中国文化事业发展过程中，他殚精竭虑，谨言慎行，成为新中国成立至今任期时间最长的文化部部长。1976年，茅盾八十岁，在人生的夕阳时分，他又开始长篇回忆录《我走过的道路》的写作。

1981年3月27日，茅盾走完了他的生命之路，为我们留下了1400多万字的文学财富。

目录

茅盾夫妇和女儿沈霞、女婿萧逸的来往信件及写给儿子沈霜（韦韬）、儿媳陈小曼的信件（29封）

一、茅盾夫妇和女儿沈霞、女婿萧逸的来往信件(26封)

1. 茅盾夫妇写给女儿沈霞的信(5 封)

【编者的话】

茅盾的女儿沈霞,1921 年生于上海,从小聪明伶俐,深得父母喜爱。小学、初中在上海度过。1937 年后曾在长沙周南女中、香港华南中学求学。沈霞文学天赋极高,中学时代的作文常为老师赞赏,高中时就写小说(未刊)。

沈霞 1940 年随父母来到延安。不久,茅盾夫妇奉命离开延安去重庆,女儿沈霞与弟弟沈霜则留在延安。沈霞先后在中国女子大学、延安大学学习,1942 年 12 月加入中国共产党。在延安沈霞认识了丈夫萧逸,于 1944 年 10 月 1 日结为革命伴侣。

本书收录的茅盾夫妇给女儿沈霞的信,写于父母与女儿分隔在重庆、延安两地之时。在信中,既有茅盾作为父亲,看到女儿点滴进步以及选择伴侣的"点赞"态度,也有关心女儿、儿子日常生活、饮食、健康等体贴入微的话语;既有父亲的喜悦之情,又有舐犊之情的体现。其书信,字里行间体现了家国情怀、奋发向上的家风家教。

1945 年日本投降后,沈霞为了更好地投入革命工作,已有身孕的她毅然决然去做人流手术,却不幸在手术中感染,于同年 8 月 20 日在延安去世,年仅 24 岁。

女儿沈霞的意外去世给茅盾夫妇带来了巨大的伤痛。晚年的茅盾在孤寂中常常朗诵女儿中学时所写的作文。女儿沈霞是茅盾夫妇的骄傲,女儿的不幸去世是茅盾夫妇心中永远的"痛"。

本书收录的茅盾夫妇给女儿沈霞的 5 封信,女儿沈霞致父母的 8 封信,都是经过炮火洗礼保存下来的珍贵文物。

霞儿：

　　十月五日邮寄的信（附有桑^①的信），今天收到了。差不多在路上走了一个月。但在此信之前你所寄出的另一信，却没有收到。你和萧逸已经登记结婚^②，我们可以同意，而且也很高兴。我们虽然尚未见过萧逸，可是从前你曾经来信描写过他，而且他自己也来过一两封信，所以，我们也就有了个印象。我们相信，我们的女儿在这事的选择上是用了比较审慎的态度和清醒的头脑的，我们同时也喜欢她的选择不以虚荣和外表为对象。我们喜欢在生活中受过艰苦的磨炼而有志学习力求上进的年青人。萧逸从前是这样的一个人，我们相信他现在也还是这样的一个人，希望他永远是这样的一个人。我们遥祝你们俩的共同生活将是幸福而快乐的，你们相敬相爱，共同朝你们所信仰的人生目标迈进！我们相信你们那里的环境是一个使人容易向上学好的环境，所以我们对于你们的前途抱着十二分的信心，想来你们是不会辜负我们的期望的！

　　近来常有人来往，大概你们也多少知道一点我们的生活情形，所以我们也不多说了。我们身体也还好。妈妈虽然为了家中任务而很辛苦，但尚能支持；而最大的欢喜是知道你和桑都很健康而且有进步。我的肠胃还是不佳，又有点贫血，不过医生说我尚无大病，只是运动太少而已。至于和你们见面，我们是时时这样盼望的；有了机会，我们自然不肯放过。现在看来，也许这不会太远了。以后你邮寄信来，不必再提此事；为什么不要提，这原因你是应当想得到的。

---

① 桑，即沈霜(1923—2013)，茅盾儿子。沈霞胞弟。
② 沈霞与萧逸是 1944 年 10 月 1 日在延安登记结婚的。

你需要什么东西，我们可以设法托带或寄。还要俄文书么？上次你要软片，我们曾去找过；但因此物很缺，一般照相店里都没有，非得特别托人找门路不可。这样我们觉得太麻烦了，就作罢了。况且我们相信不久后一定能看到你们，现在不见到相片也不算什么。书籍我们尽可能给你弄一些。大概二个月前，曾托人带上一批（书名我忘了），不知收到了没有？

我们要给你和萧逸一点纪念品，这托人带也太噜苏，将来见面时再给你们罢。

祝你们快乐而进步。

父母字　十一月六日(1944)

霞儿：

前天写好一信，已经交给朋友候便带去，昨日又接到九月三十日你邮寄的信，这封信比前一信早寄，但是迟到了。从这信中，知道你曾经为了割治痔疮，在医院住了一个月，又知道萧逸身体不好，心脏扩大，我们很是记念。萧逸这病，应当好好休养，吃羊奶的计划实现了没有？请何医生①检查检查，倘须一个时期的休息，则应请求得一二月的休息，年青人害了心脏扩大，不是玩的。至于你的痔疮虽已割去，仍防再发。你信中说割后月余尚未痊愈，不知何故这样难得好？我们很不放心。现在好了没有，下次来信说明。你信上说现在你有钱，打算买点土产托人带给我们；我们并不需要什么，你不要买。你有钱，还是自己买点必需品，也应当买点东西增加营养。我们已写信给琴姑母②，请她为萧逸的病及需要休息等事帮忙设法。

此间出版的文艺书，我们都有，随时当托便人带上。

两月前曾托人带上《安娜·卡莱列娜》③及其他的书，不知收到了没有？薄薄的书尚可邮寄，厚本的则只能托人带。我们希望最近还能给你带上一些。

祝好。

父字　十一月十二日(1944)

---

① 何医生，即何穆。

② 琴姑母，指张琴秋，茅盾弟弟沈泽民的妻子。

③ 即《安娜·卡列尼娜》，托尔斯泰著。

霞儿：

有过两封信（都是十一月初旬写的），都托朋友带给你，想来是和这一封同时可以收到。

因为你上次来信（十月初），说你割过痔疮，身体不好，萧逸且有心脏扩大的病，我们很记念。现在托朋友带给你两种药：1. 鹿茸精六瓶，2. 肝精片壹瓶。这是重庆市上容易买到的补药，也不大贵。我们以为你和萧逸都可以吃的。如果你自觉得没有服用的必要，那就都给萧逸。不过，鹿茸精对于心脏扩大病者是否相宜，还得先问问医生①，至要至要。至于肝精，一定可服。鹿茸精服法，附上仿单一份。

现在再带给你几本书：1.《被损害者与被侮辱者》②（全一册），2.《白痴》（上下两册），3.《侵略》③（一册）。这几本书是给你们公用的。又前次托人带的《安娜·卡莱列娜》（托尔斯泰名著），收到了没有？下次来信时说明。

祝好。

父母字　十一月廿一日（1944）

① 文中带点为原信带点。

② 《被损害者与被侮辱者》，即《被侮辱与被损害的》，连同下述《白痴》，均为陀思妥耶夫斯基著。

③ 《侵略》，列昂诺夫著。

霞儿：

　　昨写一信[1]，言托友带给你鹿茸精六瓶，现知只买到了三瓶，所以实是三瓶。至于肝精片一大瓶则无误。特再写此数字，望洽。

　　祝好。

父字　十一月廿三日（1944）

———————

　　① 指廿一日信。

霞儿：

　　你收到了《露和字典》以后写来的信，我们已经收到了。我们一切都好，可勿记念。此次托人带给霜[①]一部《静静的顿河》，这是他来信讨过几次的，希望你让给他先看，不要和他争夺。又带上法币一万元，你和霜各人分五千，以备不时之需。妈妈常说，要是你一旦生了孩子，那就要钱用了，所以乘有便先带给你一些，我们还有钱，你妈不用女工是因为不喜欢本地女工，非为无钱也。望你接此信后即写回信，托琴秋姑母找便人带来。因为我想来此次来延安的人不会久留，数日即须返重庆也。

　　此信亦请交琴秋转交。

父字　六月卅日(1945)

———————

　　① 　霜，即沈霜。

2. 女儿沈霞致父母的信(8封)

【编者的话】

本书收录的女儿沈霞写给父母的8封信，写出了沈霞自己在延安生活、劳动、学习的方方面面，写出了对不在身边的父母日思夜想的牵挂。

沈霞出生、生活、成长在大城市上海，后随着父母来到延安后，深受延安精神鼓舞，她爱延安，喜欢延安的一草一木，在延安这个革命大熔炉中经受着锻炼，淬炼着自己。

沈霞在延安恋爱，她把自己恋爱的心情详详细细汇报给父母，不掩饰自己"找对人"的欣喜。弟弟沈霜不爱写信，沈霞"硬拉着弟弟写信"。沈霞时刻关注着父母的"行踪"，对于报上有刊登父亲文章以及父母消息的，她都带在身上，仿佛父母就在身旁。沈霞怕父母担忧自己，除了告之不要担忧，还要"如果是开动家庭竞赛的话，我们三个在延安的就想和你们两个比一下，看将来谁在最前面"。

沈霞谦虚好学，从信中，我们多次看到，她让父母买书，向父母汇报自己的学习情况，听取父亲的教导。她不怕苦，不怕累，学习工作，力求事事拿第一。她身体力行，立德立行，践行父亲茅盾的教导。

爸爸、妈妈①：

10 月 2 号的信，前天就收到了，正在猜测你们是否已经离开桂林，现在已经 11 月 3 号了，按妈妈说 1 月后赴重庆的话，那么想必已在途中或者至少已经是整装待发了，对吗？

爸爸胖了，这倒是令我们高兴的，爸爸不是从来都是瘦的吗？现在怎么会胖的？我有点想不通，因为照理说近年来只有更辛苦。妈妈呢？胖瘦？我希望她结实些，不要再虚胖，到重庆逃警报也不方便。甲状腺现在是否完全好了？念念。我们三个人②都很好，不必挂念。张先生也好，陆先生身体不好已休养。陈先生已和何先生分开，现住在过去叫你们去住的地方，小囡囡放在托儿所，她自己开始写东西，精神还好。

你们到桂林后寄出的钱我都收到了。计 200，400，1000，1000，四次，对否？皮大衣已做，请勿担心。我们还存在一个公家公司做生意 3000 元，每月可收 200 元红利，以后你们可以不必寄钱来了，除非特别用处。这二百多元够我们零用了，一天一百多元，将来可以保证一本一利。

你们到重庆后准备怎样，如果方便的话，希望爸爸替我寄几本俄文书来，小说，童话（不要太深）。如果自己带来则更好，还有如果字典有便宜的话（露和字典 100 元以下）也给我买一本，贵，就不要了。

《劫后拾遗》我们已经读到。我自己觉得遗憾的是这里面竟没有

---

① 这是现存发现最早的沈霞致父母的信，写于 1942 年 11 月 3 日。其时，茅盾夫妇即将离开桂林去重庆。

② 指沈霞自己、弟弟沈霜以及恋爱对象萧逸。

谈到我所最关心的学生与文化人的情况。在这中间，我也找不出什么你们在那时究竟是怎样的一点影子来。好像谈的一些与我们关系少些。不过，从这里面我也还算知道了一些那时的情况。

阿霜在这里也居然写了一个短篇，叫《山》，大概爸爸也已知道。还不好，不过能写我认为就不错了，因为就我自己说现在已经连一封信都写不好，一提笔就只是八股了。

前些日，我和萧逸、张先生、陆先生拍了二张照。洗出来以后准备寄给你们看。

还有我们正式订婚，上信已提及，怕遗失，这里再提一笔。

我把毛衣都重打了一次，加了毛线（本地的），很好，今冬不冷了。放心。

希望你们常来信。

康健

女儿上　十一月三日（1942）

爸爸妈妈：

4月1号的信收到了，今天刚好有机会托人带一封回信给你们。

妈妈总说我们想骗她，担心我们过分劳力，身体会坏。其实，我们并没有欺骗你们。在这三年中，我没有病过一次，阿霜也只在1941年初打了一次摆子，早就好了。现在都长得又高又大，看见我们的都说长大了。这，正是妈妈所最担心的劳动把我们锻炼出来的。现在不是说空话，做一些体力劳动是满不在乎的。

我们这里从去年就开始了生产运动，自己动手，自己享受。在这中间，我们获得了许多在外面一辈子也学不到的具体知识，变得不说完全是劳动者的头脑、手足，然也至少比过去接近得多了，而且对劳动的知识也已大大进步，决不会有不高兴等事发生，"习惯成自然"，这就是我们现在的情况，我们已由习惯成自然了，一天不劳动就觉得无聊了呢！我的生产就是纺棉。我可以纺很好的机器线。也学画像，都是很有趣的事。这两天还替人家油漆门面。这种事情过去都没有想到要做过，而现在都去做了。将来饿不死的。

阿霜上山开荒去了。他，现在是个甲等劳动力。烧炭、种地都行。（脸）又黑又红，长得很高大。我们现在因为学习生产很忙，很少来往，但彼此的情况总还是知道的，他并没有野得连自己都忘记，他只是因为生活紧张，再加上没有写信的习惯，所以没有亲自给妈妈写信罢了。

我早就入了专门学外文的学校，选的俄文。最近即将正式开课，阿霜还在文工团，那里现在很好，他也不想离开。总之，在学业的进步上，我们的看法也许和妈妈不同，只要天天在增加活的知识，我们就认为是进步了，倒不一定是什么书读了几本。妈妈带威胁地说，如果阿霜不好好学，就要叫他回去，大可不必。我们现在得到

的决不是在大后方能学得的，我们还不愿回去呢！我们要永远在这环境里生活！

大后方情况很不好。我说你们是否也来这里好些？丰衣足食很有意思，妈妈也可以做一些她会弄的工作。这里在这三年中已大大改变了。妈妈看来这三年很长，可是我们却只有在计算年代时，才觉得已经过了三年。生活，它天天在变着，总是有新的东西出现在眼前，所以生活也更有意义，更美好，日子也过得更快，几乎没有什么感觉了。如果你们能来这里，那么，我们一定更快乐！现在还可以想法子走的，可以问一下。

琴婶婶①已结婚，丈夫是个医生（这对我们很方便），陈姑也已离婚，现在工作很好，陆依旧不常见到。萧逸也好，问候你们。

最后重复几句：希望你们抓住机会来这里。我们都等着，等着，立刻进行！

爸爸接信后，如有俄文书，带几本给我，还有《安娜卡莱列娜》《约翰克列朵夫》二书②，买一卷软片给我（120号），钱不要，别的也不要。写得很啰唆，很久没有写家常信了，爸爸不要说我文化程度又未提高。

小女儿　四月廿七日（1943）

---

① 指张琴秋。

② 今译《安娜·卡列尼娜》《约翰·克利斯朵夫》。

爸爸妈妈：

你们在8月15号(16号)寄来的与同时(托)带的信均收到了，很高兴。尤其是带了书来(尚未收到)，这里的外版书是很贵的，而且也难得找到。

阿桑①大约尚未回来，因为他没有写信来或找我，我去信，亦还没有回信，最近总可以到这里了。据我所知，他的事已办完。他还是老脾气，不爱写信，也很少和我们来往。常常是约之又约，才去看张先生一次。不过，他很好，既然大家都忙，少见几次也没有关系的。

至于我自己，也回到原来地方学洋文，今年，因许多原因，学得很少，比过去当然要长进了一些，但不多，明年是要加油。首先学习时间增加了三倍，这是最大的保证。

这一个月我住了整个月医院，割痔疮。妈妈大约还记得在香港时曾犯过的，今年，大约由于过多"坐"的缘故，在我回到学校时(8月初)突然发作(三年未犯)，很厉害，不能坐立，后来经医生检查，必须割治才行。这里又没有药，因此就割了。也没有什么痛苦，半身麻醉。一个外痔(大)，二个内痔。手术后曾在新姑丈家住三星期休养，现在已回学校，尚未痊愈，不过基本上已好了。以后只要不吃辣子，就不会再犯。爸爸不是痔疮很厉害吗？割了好些，不然对身体妨碍太大，这是医生说的。

萧逸已下乡工作了，做文化工作，不太远，还可见面。他身体不好，过去何医生检查除了心脏扩大外，没有什么旁的病，也许是因为他来这里久了，营养又差，所以现在更不好了。现精神体力都

————————

① 指沈霜。

还好，就是瘦得厉害，比阿霜在新时还瘦（当然要高大得多），下乡后，据他的想法，想买一只羊，吃羊奶，不知能否实现。如能办到当然要好些。

这次我住医院，把他忙得更瘦了，每天跑 20 里来看我（还未下乡那时）。我们希望在乡下能胖起来，信他未看到。

字典，太贵就不要买，因为这里有公共的，也可以勉强用着，我们现在自己有很多钱，将来也许可以买些本地土产给你们玩玩。等着吧！

健康快乐！！

明天是中秋，这里只有很坏的月饼，你们呢？

女儿　九月卅日（1944）

17

爸爸妈妈：

刚寄走信，阿霜就来找我了，逼着他写了一封长信，现在附上，我想你们一定很高兴的。我在几日前寄的信收到没有？

告诉你们一件事，就是我和萧逸已登记结婚，算是有了一个正式的关系，但究竟何日结，尚未决定，要看何时方便，现在只是在法律上获得根据罢了。原来是准备见到你们时再说的，但现在由于我们都想安心学习，为了避免许多麻烦，如流言、注意、好奇等，决定就这么办了。因为在这里，尤其像我待的环境，一个女孩子过了廿岁不结婚而又可以没有或逃却麻烦的是没有的。有人说：我应该"等"一个时候，以便"选择"更好的"人"。我却不这样想。因为我觉得这不是"选择"的问题，而且浪费更多时间在中间去"选择"，结果也许相反地被旁人"选择"去生儿育女却更糟。

我和他已相识三年，虽然他不一定出人头地的好，但和我差不多，有好学求上进的心理，肯努力，聪明。这样也就可以的。年龄也相差不多(我想妈妈一定不赞成我和很大的人结婚的)。

关于萧逸，你们还很不了解，但过几时，你们就会了解的。张先生对这，也没有什么意见。我们决不因此而妨碍彼此的学习，这是可以先告慰于你们的。因为我们的前提是为了彼此更大的成就。

情势日见好转，胜利不日就将在握。不知爸爸妈妈作何打算？总要能和我们一起相处方好。还要保持健康，心放宽些，见面的日子快了。那时来个大团圆吧！庆祝我们的成功。

日安！

俄文书四本收到了。

女儿　十月五日(1944)

爸爸妈妈：

你们由陈先生转给我们的信已经看到很久了。因为想在收到书以后再写回信，因此耽搁了很久，但书到现在尚未收到，想来是因为没有便人的缘故，现在先写信。

阿霜早就回来了，这次的旅行对他有很大帮助。他回来后我叫他写过一封信，前已寄上，从那里可知大概。关于他的学习问题，据他自己的志愿是想学工程，但现在因为无适当学校，因此就想多多生活，观察事物，以便在自己的副业——文学上——充实一些内容。这样，我们大家认为也可以。最近他参加的文教会就是最有实际教育意义的东西，比死读书一年所获还多些。

我已开始突击学习了，预定明夏毕业。萧逸说的学习时间少，在今年是事实，这是为了建立物质基础，我认为不是浪费时间，何况从这中间对自己有更大的锻炼。明春始，我们就差不多全部是学习了。这是时局向我们提出的要求，需要在需用之前准备好，免得临时抱佛脚。

我想向爸爸要几本中华书店出版的《中华英文选》，中英对照有注解的。选择内容比较有趣些的，我要作为小说来读，带便也复习了英文。从邮局寄好些。此外如有学生字典（中文的），旧的便宜的，买一本给萧逸，他要用，向我说了好几次，叫我找，我却无处可找，只好找到你们这里来。

余再谈。

阿霜要《静静的顿河》全部，有没有？新出的。

女儿霞　十一月十五日（1944）

爸爸妈妈：

你们 11 月托带的信都收到了。书和药也都收到，书先后两次，没有少，放心。

萧逸的心脏扩大是在前年检查出来的，一直到现在，也没有发展过。这里害这类病的很多很多，实际上也不能算什么病，回到平原，就会好的，不必那么担心费神。如果病继续发展，我们自然会去请教医生的。药已给他，他觉得使你们担心很不安，本来要写信的，这次来不及了，下次再写。至于我自己现在已完全复原，又和以前一样胖了，我俩照了一张相（阿霜也照了一张），以后印好了寄给你们，你们就可以知道我们是很健康的。

对于萧逸，你们不了解是当然的，他并不是怎样健全的人。虽然是工人出身，但感情上却感受了知识分子的影响，存在着许多弱点，如不冷静、个人欲望等。总之，从思想意识方法上说是不够正确的，因此在一般表现上常常发生偏差。不过他有特点就是能吃苦，能干，他自己也有信心。现在他在乡下搞民办小学，成天与老百姓接触，成绩还可以，对他有很大帮助。他闲时也练习写作，以后当带给爸爸指正。

对于我俩的共同生活，我们一致认为是建立在共同的进步上的，是建立在共同的事业上的。如果我们不能并驾齐驱地向前进，如果我们事业的前途发生了分歧，那么，所谓感情也就不能维持了。因为这只是一个抽象的东西。如果不幸发生这样的情况，我们是不愿以空洞的感情来维持生活的。正由于这一点，我们努力互相帮助以求进步，逃避温情，也因此一般的口舌纠纷是很少很少发生的。这，也可以说是接受了前辈的教训。我们想在阴历年结婚。没有任何形式，觉得公式化的一套既不节约又没有意思，大约是我到乡下住两

天而已，这样同时也免得朋友们操心。

我的学习期限又延长，明年年底才毕业。俄文书可以不要了，如果有好的可以买，一般的童话式的不要了。以前寄来的也未看完，集体学习不允许个人看很多书的，而公共读物学校中有。倒是字典有办法买一部（要原版的，上海印的，翻版的这里有了），但也以不贵为原则。

阿霜未下乡，大约过了年才下，他的信未写好，以后再附上吧！

你们的情况，从给陈先生的信中知道一些。你们老了，身体要加倍注意才是。妈妈心脏一向不好，重劳动最好不要做，找个佣人还是必要的，匆匆。

问好。

愿你们新年快乐！鹿茸精怎样用法快来信告诉。

阿霜要《静静的顿河》。如有《时间，前进啊！》寄一本来。

女儿霞　十二月廿四日（1944）

爸爸妈妈：

这一次好久没有写信了。一方面是遵从爸爸的命令，不从邮局寄，另一方面，最近学习也特别紧张，总抽不出一个适当的时间来。

近来我们这里经常可以从报上看到大后方情况的消息。爸爸的一篇纪念五四节的文章这里也转载了。通讯中被引了几段，作为反映大后方要求民主的呼声。一些人在什么大会上的讲演是经常可以读到的，因此关于大后方要求民主运动的一般情况，我们知道得很清楚。也许比你们更全面些呢。我希望我们也能积极主动参加这些群众运动，发挥自己的力量。仅仅在乡下写长文章也乏味的，而且也没有什么可写的，对吧？总要经常站在斗争的最前线，即使是做个摇旗呐喊的小卒也罢，才能获得更多的写作材料，才能真正使生活充实起来，年青起来。也只有这样，才能紧跟上时代。人，只要在斗争中，就会年青、生长。相反，如果固守个人的生活习惯圈子，脱离群众，就必然要失掉光芒，未老先衰，就会觉得自己是老迈了。这，是我在此学习几年得到的感想，觉得它能够作为我生活的准则。爸爸，你以为如何？所以，我也因此常常问自己，爸爸和妈妈是不是算老了呢？我的结论总是否定的。

因为我相信，我们是在坚持着的。非但坚持，而且多少在迈进。只要是这样，那么即使身体中某些物质细胞衰退了，但同时，却又成长了加倍的新的细胞。这些细胞对我们来说是千百倍宝贵于前者的。因此，说是老了的话，是不对的。不过说另一句话，我也真有点担心，相隔这么远，对你们的情况不了解，正如爸爸妈妈担心我们不能很快进步一样，我有时也担心。你们终究因为年龄比较大些，而跟不上青年人的脚步，这样是悲惨的。在外边，走得多远是靠我们自己了。不像我们这里，旁人可以拉一把。于是，这一切只有靠

你们自己了。这里，我，作为一个多多少少大了的女儿（注意，已经不大像妈妈心中想象的那样的了），给你们在这里加点油。如果是开动家庭竞赛的话，我们三个在延安的就想和你们两个比一下，看将来谁在最前面。怎么样？同意否？

爸爸上次的来信，我仔细读过了。爸爸讲得很对，我现在也就是这样做。无论如何要把自己造成一个健全的、又有能力工作的人，而不是跛子，也以此督促他们两个。

自己的俄文学习，成绩还不算太坏，但尚须努力。因为以后工作起来，困难还多着哩。爸爸说有军用语的字典，如已买到，给我捎来吧，我们已开始上军事课了。我身体较开刀后（去年年底前）要好，一天到晚不休息还可以坚持下来（以前经常头痛），也没有怎么病过。阿霜、萧逸等都好，我已发动他们写信（他们都是觉得不知谈什么好，而且懒）。

上次字典与缸子都已收到了。你们现在生活如何？川北闹荒对你们影响大否？我们这里备荒很起劲。生活还是很好的，不必挂念！
暑安

女儿霞匆　六月十七日（1945）

妈妈①：

你上次来的信已收到了，我现在很好，一切照旧。我们又照了一张相附上，你看，像不像？这次照得又比真人瘦。

日本鬼子已投降了。我们这里大家高兴得很，想你们那里也是罢?! 我们很快就可以见面了，愿你们好好保健身体，战后可以做一些事。

我不需什么东西。《约翰·克利斯朵夫》，据说大后方出版了，如爸爸有的话，给我寄一本来吧！爸爸讲的军用语字典赶快设法带来，现在急用。

你们好！

女儿霞　八月十三日(1945)

---

① 这是沈霞生前最后一封给父母的信。1945 年 8 月 20 日沈霞在延安去世。年仅 24 岁。

3. 茅盾夫妇写给女婿萧逸的信(4 封)

【编者的话】

　　茅盾夫妇的女婿萧逸也是革命烈士，生前为新华社战地记者，1949 年 4 月牺牲在解放太原的前线阵地上。

　　茅盾夫妇对待女婿萧逸可以说不是儿子，胜似儿子。他们对女儿沈霞选中的夫婿很赞赏，对女婿如同自己儿女一般看待。他们说："我们把你当作霞一般的爱你。"同时，茅盾夫妇对萧逸生活、学习、工作及思想进步等关怀备至。尤其听说萧逸身体不好，就在信中殷殷嘱咐注意身体。

　　女儿沈霞去世后，作为岳父母，茅盾夫妇尽管自己万分悲伤，还时时劝慰萧逸振奋起来，走出伤心，"把悲悼之情转化为学习与工作的勇气与毅力。"尤其茅盾夫人写给萧逸的信，更是令人泪目。

　　本书中收录了茅盾夫妇写给萧逸的信 4 封，从中可以看出茅盾的大爱胸怀和女婿萧逸的高远志向。

萧逸[1]：

　　你离延前及以后所写各信都收到了。霞的意外的死，我们直至十月初，方才知道，那时你已离开延安了。我们很悲痛，虽然时时从大处远处想，极力自慰自宽，然而又何能遽尔释然呢。这大概因为我们老了之故。我们却不愿你们年青人也学我们的样，你要把悲悼之情转化为学习与工作的勇气与毅力。从桑的来信中知道你在张垣做报馆工作，很好。我们不久也要到上海去，下半年或者（如能交通方便）要到北平；我们有机会见面。望你自爱自重，我们把你当作霞一般的爱你。此信因托人带北平，匆匆不及多谈了。祝好。

父母字　二月廿六日（1946）

---

　　① 萧逸（1915—1949），沈霞丈夫。江苏南通人，中学毕业后到上海乐器厂工作。抗战全面爆发后，奔赴延安，进入鲁迅艺术学院学习，后考入延安大学俄文系，与沈霞同学。1945年春节与沈霞在延安举行婚礼，沈霞去世后，萧逸转入新华社工作。1949年4月，作为战地记者的萧逸，牺牲在解放太原的前线阵地上。

逸儿：

去年八月以后，陆续接到你的几封信，最近又接到桑转来的信，知道你一切都好，我们很高兴。霞的死，我们悲伤不能自已。日久以后，这悲痛之情，或可稍杀，但是这创伤是永远存在的。我们现在不愿意多说，以致引起你的悲痛，我们但愿你努力学习，日有进步，不久以后，希望能见你。现在你做记者，也好；做记者能使见闻广博，且有练习写作的机会。做事不能有恒是学习上一大障碍。我们也知道有时不能随心所欲专做一事，但能做一事而较专较久，自属必要，我们盼望你能够久于这现在的职务，比方说一年或两年。前次听说你身体不大好，心脏不强，现在如何？年青有这些毛病，应当及早医治。从前种种条件不够，以后想可不同。下半年我们要到北平游历，那时我们设法为你医治——如果你的心脏的确不大强。我们最近要离重庆，转道香港再到上海，你有信可交给桑寄出。

这是最近我们给你的第二信，第一信收到没有？余后详。祝好。

爸妈字　三月十三日（1946）

逸霞双^①我儿如晤：近日接到女儿五月七号一信，这信特别慢，足足三个月方才收到，等信虽急，也无可奈何，有时我想勿必去信吧，信写了也难得收到。我每月写了一信寄出，又不晓得到你们手里有几封。通信有那么困难，还说得到什么？可见你们不知事情的小孩子，你们身体很好，我也不多记挂了。

我家的生活也还可以过得去。收入可以开支，高的物价，开支节省一点，并不是受到物质苦。苦痛的事情虽多，和你们完全不同的，也许你们想不到的，因为是小孩子，也勿必和你们说了，你走得那么远，家务困难。也不要你们操心，只希望你们好好学习。英文能再学习当然很好，字典没有，买到当寄来。也许现在没有？不过身体健康第一，劳动虽也需要，但过分劳动，容易致病，也得注意。

双双回来了没有？他体力近来这样好了，将来不做科学家，还是做庄稼吧！不过科学也要好的体格，可以有成功，双双，你一定完全和从前不同了。不过你有上进心理，总是个好孩子。父母总欢喜好孩子的。

霞要软片，以后有便人来时带上。能带张照片看看当然很好！

逸身体为何不好？要请医生检查一下有病没有，要注意保重。不写了，再会。

母字　八月十四日（1943）

琴姑母幸福家庭我没有机会参观，等着吧。

---

① 逸，萧逸；霞，沈霞；双，沈霜。这是茅盾夫人孔德沚1943年于重庆写给在延安的萧逸、沈霞、沈霜三人的信。萧逸当时是沈霞的男朋友，他和沈霞还未结婚。

肖逸①：

你写来几信已收到，勿念。

我们兴趣很坏不愿写信，你带了伤去工作，一切要自己保重。死的已经死了，也勿必悲痛。活着的人，更应该自重。青年人责任重大，不要会巳死霞②，而弄坏了自己，不能担负两人任务。霞是不愿意的。她虽死得特然③使我们不能不悲痛，死的没有痛苦，活着的我们太苦了，也只好想开一点。总之杀人的医生可恶！弄死了这样一个好孩子。双巳来，碰到过没有？再谈吧！

妈沚上　二月十日（1946）

编者说明：茅盾夫人对女儿的逝世一直无法接受，所以在本文中对医生有过激说法。在晚年时，她常把儿子沈霜（韦韬）的女儿唤作女儿沈霞。足见母女情深。

———————————

① 指萧逸。这是茅盾夫人孔德沚1946年2月10日在重庆写给萧逸的一封信。
② 即安慰萧逸，指萧逸梦中见沈霞。
③ 突然。

4. 女婿萧逸致茅盾夫妇的信(9封)

【编者的话】

萧逸与沈霞恋爱、结婚后,把茅盾夫妇当成了自己的亲生父母。本书中收录的9封信,让我们从侧面了解了沈霞在延安的生活、工作、学习、思想,同时也从字里行间看到他俩志同道合、恩恩爱爱的家庭生活。

萧逸对沈霞的感情非常深厚,沈霞不幸去世后,萧逸悲痛不已。他说:"因为我失去了一个最好的支柱。她不能只是我的爱人,她同时还是我的先生,我的父母啊!"

萧逸在沈霞去世后,对茅盾夫妇说:"她虽然去了,她不再能爱你们了,但还有阿霜和我在。……我一定要像她一样爱你们"。

萧逸在沈霞去世后给茅盾夫妇写的信,是含着泪水写的,每一行,每一字都让我们体会到了当时他的悲痛心情。

爸爸、妈妈①：

霜和霞的信还没有发出，就接到你们寄来的《战争与和平》，我们都乐得跳起来了。这确是新年来第一件乐人的事，类似这样的书，我们很难读到。即使用了很大的力量借到了，也要受到时间的限制。

霜和霞的情况，他们过去说过很多。确实有着非常的，尤其整风以来，更显得不同。对霜，我们都主张他应该提高（实②、秋先生③也主张这样）。他也同意在这次下乡以后进鲁艺，文工团不论教员、图书都非常缺乏，真正的学习时间也很少。希望你们以后来信的时候，也鼓励他去鲁艺。

霞，我知道的更多，因为我们同学了一个很长的时候，假若她有什么缺点的话。还是你们过去来信所说过的，"待人接物（做人）"的问题。她最大的一个特点，就是直率，认真。这应该说是一个美德，实在我们还缺少这样的人，可是往往也起了反作用。霞的俄文学得很好，在俄文系算是最好中间的一个，长如五千字的文章，只百来个左右生字，我往往就要超过她一倍。可是她不能算是一个用功者，这大概因为她的成［程］度比较高的缘故。她等着，不自己前进，如应该多看些俄文书报，学着翻译等。

今年是生产年，霞那里已传达了每人要生产1900元，分轻重生产，打毛衣，种菜。生活有些改善，一月起经［津］贴增至廿元。

霞特别告诉我，要你们以后少寄些钱来，因为事实上现在用不完。霜、霞存入盐业公司三股（三千），每月息金二百五十余元。其

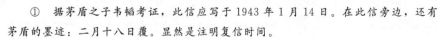

① 据茅盾之子韦韬考证，此信应写于1943年1月14日。在此信旁边，还有茅盾的墨迹：二月十八日覆。显然是注明复信时间。

② 指张仲实。

③ 指张琴秋。

他还有些收入，已足够用的了。

我已被调到华北书店编辑部工作，在文化俱乐部下面。霜在上面，他走快些的话，半分钟可到我这里。见面的机会很多，每星期三四次。这里也有一些书，他正在阅读。

我们过去向你们撒了一个谎（以后你们骂骂霞好了），我们还没有正式订婚。虽然说了，但没有去请求批准。可是她告诉你们说已经批准了。所以她急得要命，要紧写快信来，不要你们问张先生关于我的情况。不过，我们也想着不要这订婚的形式了。……可是，现在我已叫你们爸爸妈妈了。我非常高兴，但也很惭愧，我唯恐屈辱了霞，使她将来受罪，这是我日夜不安的。我希望，不，我要求你们教育我如你们对霞一样。

祝你们

健康！

儿肖一上[①]　一月十四日（1943）

霞的学校在一二月内要改编了（其文学校大多要合并和取消），去向还不知，来信暂由我转。又及。

爸爸、妈妈：

二月十八信收到[1]。

新年来，我们都比较忙些，霞那里很紧张，甚至星期六晚上也开会，我也才接收工作，还没有熟悉，霜参加各种宣传，才停下来，又在生产并排戏。

霞的进步，和以往是不可比拟的，最近几乎都是她包办会议的记录，她总是有着无限的热忱的（琴同志[2]说，妈妈也是这样的）。另外，她还有着一种富于乐观的特性。她的学习打在前头，她的生产也是第一（第一期还不到三个月，她超过人家三分之一），同时，她也很会玩。她告诉我：晚上躺下，到天明不会醒。她略瘦了些，这是说比去年，你们恐怕没有看到过她这样胖，但她还是最健康中的一个。

关于霜，我也常问和他接近的人，他确实更趋于健全，身体也发育得比以前魁伟，这大概是因为他注意于运动的缘故。

我自己可以说是进步很慢，我还不断地和自己格斗，我想，我也一定会进步的。

《战争与和平》我们读过了，虽然我们欣赏力很差，但也感到对译笔的不满足。我们还想多读几次，给我们介绍几篇研究它的文章或书吧。

我完全同意霞的意见，我还差得很远，要好好地用功，努力提高。自满，骄傲，放松自己都是危险的。

---

① 此信首句：二月十八信收到。可知此信写于 1943 年 3 月 29 日。此信旁有茅盾笔迹：五月廿八日覆。

② 指张琴秋。

我现在感到：时间太少！

祝

健康！

儿肖一^①　三月廿九日（1943）

---

① 原信如此。

爸爸、妈妈①：

你们寄来的东西收到。阿双②对了清单，只少本子全部、甘油、沃古林③、男式绒衫，其他都在。转赠各先生的都已送去。

俄文课本三册也收到。其中一本给了阿双，他要学其他二册自己有，所以又卖了。同时给霞念也太浅了些。过去我们学的已是《联共党史》，及其他选译的短篇小说。最近我又给她买了《毁灭》《战争与和平》简本，党史及列尔蒙托夫的诗，这些当然要比较深些，但多翻翻字典，还是可以念下去的。

妈担心霞有什么病，实在什么病也没有。我上次的信上说她比较去年瘦些，但像去年这样胖和健康，在她过去的照片上我没有看到过，和这里的女同志比，她还是最健康中的一个。

双常来我处，他下山就要经过我门口。霞星期日才来，最近各方面都很紧张，平常不能随便出来，星期天亦然。不过我们每星期都通信，有时也给她送些必需的东西去。

他们的零用钱不会少的，除了经[津]贴和生产平均月可得百余文外，利息每人可得 150 元，比起一般的同志，已丰富得多了。如有特别需要时，我会代他们设法的，不必挂念。我倒同意霞的意见，就是，你们偶然的寄些礼物外，平常可不要寄来。我们生活虽然很苦(今年已大大不同，好了[很]多)，但比起后方来，也就没有什么了。因为我们是快乐的。

霜和霞还没有信，我先给你们寄了，以免挂念，等他们的信来

---

① 此信写于 1943 年 6 月 5 日。

② 阿双及文中双，均指沈霜(韦韬)。

③ 一种眼药水。

后再给你们寄上。霞说要给你们写封很详细的信哩！

　　祝

快乐！

儿逸　六月五日（1943）

　　现在的重要工作还是整风，到时写文章的机会很少。

爸爸、妈妈①：

霞告诉我转寄来了你们的信，我每天等着，一星期以后才收到，共走了三星期，我离霞有三小时的路程。

过去不常给你们信，因事实上的困难，以后常可以了。至于我的身体比去年要瘦，但大家都是一样的，又是夏天，病却没有。霞总希望我和她一样胖她才高兴。我还记得她第一次给你们提起我的时候，就说"很瘦"，那时我还不同意她。可见她老是以"胖的观点"出发的。在学校里我还是一个重劳动［力］，这又是一个证明。

我在一月前下乡了，这是第一次和农民接近，现在最感困难的是语言还不能全懂，尤其是妇女和小孩。农村的情况各方面都很好，不管在生活上，或者认识上对他们说确是一个进步。除了做教育工作外，我还利用着空闲的时间在选读一些名著（古代的、近代的），无论如何，学习它们对我有好处的。另外，我也在阅读旧小说，很喜欢，尤其它们的语言，爸爸那里有否现成的？内容可不管，便人带来或邮寄都可以。

生产很紧张，已整整的一年多了。霞的任务是 27 斤头等线，每天可纺四两线，私的列［例］外（鞋、袜、毛巾、零用……全自己解决）。她考入最高级，程度相等于六年级的英文。上了两星期的课，现在又在生产了。

我们已经登记结婚了，你们一定很高兴的，但你们立刻会想些什么呢？尤其妈妈，她更要担心的：他们生活得好吗？常吵架？会不会妨碍生［身］体？妨碍学习？等等。关于我们的情感方面，我们觉得可以向任何人"骄傲"。我们有三年的历史，也没吵过架（依照我

——————————

① 此信写于 1944 年 10 月 29 日。

们的年龄，人家很难相信，但是事实）。因为我们的情感是建筑在理性上的，并不是一时的情欲的冲动、要解决感情的饥荒。因此也并不奇怪。关于以后的学习，我们自己也无数次地想到它，我们要避免生孩子，那就不会妨碍我们的学习了。所以与其说我们想结婚，倒不是［如］说因为来往方便的缘故。但你们对我们有什么希望呢？我们很希望常常得到你们的意见。在各方面说，我们不过是才走上生活的人，前途遥远，艰难也重重，假如我们能够少走一些冤枉路，少遇一些波折，这就是我们生命的延长了，也可以多给人类做些事。而你们，已经过了各种的生活。

总之，我们自己会生活的，而且在快乐地生活着。有霞的地方，就很热闹的，她也很会顽皮的。霞割了痔疮，出院后有一个短时期还便血，现在已经没有了。割的前几天，她被护士吓哭了，说很痛，后来大家都笑她①。她说过阳历年要来我这里，我要在十二月才看她去。

霜出席文教会开会，上次我见了他。他长得很结实。你们来信（带来的）说带了书来。尚未收到。

祝

快乐！

儿逸　十月廿九日（1944）

如有理论方面的说［书］（艺术理论。创作批评等）也带些来。

关于书上分别写名字，这说明着你们对我们很不了解，去年我和霜共同写过一封信（就是因为这），也许你们没有收到。无论如何，你们所知道的霞、霜，不是现在的他们。又及。

---

①　此信在此处，有墨线拉至信边，并注"这不是事实——霞"。

亲爱的爸爸、妈妈①：

　　我决心走了，我不能再留在这里，否则我一定会发疯的。这里的一切都可以使我回想起她来。人都说再过一个时候就会好的，但我决不会这样。这永远是我伤心的、惨痛的回忆。白天黑夜，好友们陪着我，他们想把我从悲哀里救出来，使我忘却这件可怕的不幸，但我不能，这反使我更记得清楚，不，我怎能忘记她啊！四五年来，她为我吃过无数的苦，但她忍耐着，等着，因为我们自己都觉得只要我们努力，我们不会没有成绩的。我们才感到有更大的把握，这件可怕的事却发生了，我不能忘记啊！我的眼泪哭干了，我只好自认脆弱。她的牺牲，不仅意味着损失一个有希望的青年，同时我也感到，我的前途，我的希望，理想，一切，都随着毁灭了。好多时来，我想把她所希望的，我自己所希望的，是不是可以负担起来。但我不能设想，我想到的只有恐怖，因为我失去了一个最好的枝（支）柱。她不能只是我的爱人，她同时还是我的先生，我的父母啊！

　　在最后五天，她还这样高兴的写信给我，叫我准备半年内走。可是五天以后，却给我这样不幸的消息，连一句话也没有说到。

　　我想在这里给她做一个坟，但是有这样多困难，我只有放弃这希望。但我相信，即使没有任何记号，我变了一个盲者，我也会这样清楚地找到她的。这几年，我要再来，把她带到她所喜欢的故乡，我要照自己的希望给她做一个安居的地方，将来我自己也要和她在一起的。假如我也因"偶然"而不存在了，那只有请你们给你们心爱的女儿做一个坟。而且我相信，将来也不会有一个。法律，如此如此。

---

　　①　1945年8月20日，沈霞去世。此信写于发生此事的次月。

我走的问题，本来调到上海去的，张先生说那里情况复什［杂］，最好先征求你们的同意。但自己的根据地是可以的。我决定听她的话，现在参加立刻就要走的文艺工作团去华北，领导人是艾青。

　　霞的东西我带不了这许多（一个人只能带十斤），已整理好带给你们了，我希望给我保存好。虽然医生因为叫"偶然"摧毁了她的生命，但我要使她复活，比她应有的年岁更大，更不朽！还有，她有孩子，只有卅三天。

　　祝

健康！

儿逸　九月十八日（1945）

亲爱的爸爸、妈妈①：

这箱子里是照片，衣裳和霞用过的书籍，留着作为纪念。我实在太对不起你们了，太对不起霞了，她实在实在太年青太年青了啊！但你们不要难过。她虽然去了，她不再能爱你们了，但还有阿霜和我在。我不如霞，不过我一定要完成霞的遗志，我一定要像她一样爱你们，帮助霜弟。我现在住在张先生那里，他们这样好的看护我，再过几天我要详细的报告你们的。现在我不能够。

希望
你们保重身体！

你们底儿逸上

_____

① 此信未署时间，想是萧逸请人捎带沈霞遗物日期未能确定所致。

亲爱的爸爸、妈妈：

我们走了快一个月了，现在晋西北兴县，明天继续前进。我们还要通过封锁线，顽固派和敌人合作封锁我们，前一个时候曾有一批干部被伏击，但现在安全多了，我们有了准备。这里民兵非常厉害，他们的武器是步枪和地雷，但是打仗和正规军差不多，很多敌人的中小据点都是他们打下来的。敌人对他们也没有办法。除了成群结队白天出来外，平常都是躲在炮楼里。民兵的情绪也高，我们碰到很多穿农衣包白头巾的，向大同进[进]发。看起来他们没有什么组织。三三五五的前进，问他们数目八千个，他们是去赶一个大会战的。

去前方，现在主要写通信报告，已经开始。第一次他们推我负责试写，因为行军不方便，采取集体采访，一人执笔，可巧我生了一个疮疥疖，痛苦难熬，结果垮台了。但现在好了，以后还要做。

在情绪上，比过去略好些，即使霞，也不希望我这样的，我想。假如再继续钻在伤心和痛苦里面，我一定真的完结了，正也辜负了她的希望。她也死不瞑目的。但我每天还是梦到她，要还失眠想到她，这决不是第三者所能体会到的苦痛。昨晚我又梦到她，人家告诉我她只死了一半，另一半我可以和她说话的，但我醒了。我偷偷地哭了一场。我现在才理解（？）[1]人类是这样自私和残酷的，他们极不能了解一个人和痛苦的，他们也极不愿意给和自己利益没有关系的事多一点关心，多一点同情的，否则霞会遭到这样的不幸吗，但我也并不想苛责任何人，我只有把牙咬紧一点，忍住痛苦，慢慢前进。到了走不动的时候，坐下来息一息，偷偷地擦干眼泪再走。我

① 原信如此。

决不因此而向人痛哭，希望得到一些同情和鼓励，自己就轻松了。我知道我的担子是非常非常的沉重，我还要给她担起一半，但这是唯一值得我担的。在这样的时代，有多少人损失了家庭，有多少人没有了最亲爱的人，但决没有像我这样的不幸，这是太不值得的死！

另外，我希望阿霜能进一个正规的学校，不是试办性的。生命是不[能]等待的。一个人的思想正确与否，是他是否有社会科学和其他科学知识的解释！在国内好学校是个少的。我希望你们考虑。

祝

你们健康！

儿逸上　十月十二日(1945)

我相信最近二封信是在不正常的感情下写的，但我希望你们能够看到它，我总以为第一次就应该得到一个真实，即使痛苦也一样，但我曾经为了一件事得到重复的苦痛。

爸爸、妈妈：

　　不久前意外的接到阿霜从北平发来的信，我才知道了你们的一些消息。我现当记者，才二个月，不过我觉得比我过去几年的生活还有意思，知道得更多，更广。虽然不能深入到下层。我现在的身体也很健康，一次可以吃七个馍馍，有一斤重。在我的同事中间，算我吃的最多了。

　　阿霜来信说，他希望能进一个适当的学校。我已打听过了，联大设有外国文系（英文和俄文），教员很缺乏，过去俄文系的学生也当了教员，有的还做了主任。英文教员还没有请到。另外设有一铁路学院，它培养的是站长以下的行政干部。他们每星期三次（每次两小时）技术课，六次政治课。因为这些学生大部分是平津或河北来的，有的糊涂到只知道康德几年，或成纪几年，却不知道民国几年，所以政治课的时间特别多。这是否适合阿霜进？另外，今年大生产运动的任务已经发下来了，也不轻。我的意思倒不如让阿霜在平工作，一面念夜校补习外国语，或者选择一个大学去旁听，以后再去考。不过，现在再不能让他浪费时间了。

　　上星期我给张先生①打了一个电报，调查霞的一箱子东西究［竟］在哪里。里面有她的照片，日记，还有很多别的纪念品，我不希望它遗失，我的情结要好一些，这是工作忙的时候，只要没有工作，我就要心慌了。过去总以为将来会好些，现在我还这样希望。

　　这里文化界着急：抗战八年了，但没有能够代表这一斗争的作品。曾经有一个时候用各种的条件（印刷……）说明没有的原因，后来又以十月革命时代作比，周×最近讲演过一次，鼓励大家多写，

---

　　①　指张琴秋。

写长的，大的。不过有些人想改行，丁玲一次说（也许是说了玩的）："这个只有让他们自己写。"不过，大家忙着实际工作，这是事实。

祝

健康！

儿逸　三月九日（1946）

爸爸、妈妈①：

昨天从你们那里走后不久，兵团就派人来接了。当时什么都是匆匆忙忙的，我很想再到你们那里去一次，但天已黑，不能多等，我只好惘然的上了车。到达驻防地时已快十二点钟了，今天直睡到九点才起床。我又恢复了军队生活。我的工作已最后确定了，仍旧恢复记者工作。这里的负责同志也允许我不进行一般的采访，这是他们自动对我说的，我也乐意这样，因为我正也希望着呢。

我们大概还有几天才走，如可能，我希望还去北平一次，不过这可能很少，因为不知哪天要突然命令出发的。

前天我临走时，妈妈说还要和我说句话，后来又说明天再说，昨天我又忘了问，不知究竟是什么话？另外，爸爸如果要军队里的材料的话，请写一份目录来，我可以代为搜集。

　　祝

健康！

儿逸上　二月廿八日(1949)

通讯处：第廿兵团新华社前线分社

---

　　① 1949年2月底茅盾夫妇到达北平，参加中国人民政治协商会议的筹备工作。萧逸正在北平，便去与岳父母见面，这也是他们唯一一次会面。此信写于见面次日，1949年2月28日。原信旁，有茅盾手迹：四月三日覆。然而距茅盾覆信十二天后，萧逸牺牲于解放太原前线。

附：萧逸致沈霜的信（3封）

之一①

阿霜：

　　我们已到了绥德了，还住四天走，一路都很好，不必挂念。我已经和张先生②说了，要她把霞的东西重新整理一下（如不能带去），你代去一下，把日记、相片、书信，以及可以留的留下，将来我要给她写一篇小说，这些是唯一的参考材料。她的衣服也代我留几套，毛背心，旗袍等。

　　我们的行装共十斤，现在还要减，一个人只留一条被子，二套军衣，一件毛衣，因山西情况复杂，必要时自己背了走。这次我没有带霞的东西还是好的。否则还是要丢的。

　　如爸爸妈妈来信了，给我写封信。信可以这样寄：晋察冀华北文艺工作团，也可以收到的。

　　再你去看看霞的墓碑做了没有，再拖怕做不了了。我想不到他们这样刮皮，工匠吃几顿饭也不愿意！

好！

肖逸　十月一日（1945）

　　到这里我本想给爸妈写封详细些的信的，但我屁股上生了一个疮，痛得要命，明天又要走，只好到河边再写了。这封信是过去写的。

---

① 据韦韬考证，此信应写于1945年10月1日。
② 张先生指张琴秋。

之二

阿霜：

在绥德我曾给过你一封信，并附有爸妈的信，不知收到否？给爸妈的信有一个"枝"字错写了，应该是"支"，望代我改一下，因为这是在神经错乱中间写的，如还有错字一并给改一下吧。

霞的东西不知已带去重庆没有？如不能带，你一定给负责再整理一下，把有关文字方面的，一律留下，带去，别的如衣服可以给我留的留一二套，不能也只好丢了。但我希望可以保留她的一切东西。我不怕增加回忆时的苦痛的，因为我值得为她痛苦的。

对你我有这样意见，希望你能进正规的学校，不是"试办"性的。光阴，生命，青春决不能轻易被试验的，你现在年纪虽轻，但也再不能等待了。昨天，我们知道国共谈判有部分协议，将来进正规学校是完全可能的。我觉得我也重视思想的，但正确的思想是各种智识的丰富及有着一定的社会科学，自然科的知识，否则还是空的。你的意见不知如何？

我们现在可能去东北，但还没有最后确定。

再，给爸妈的照片，有我拿照片拍的那张不要寄给他们，这反使他们更伤心，给我保留下就可以了。

再向北不知通信方便否，如可能，每到一大地方我会给你写信的。好！

逸　十月十一日（1945）

之三

阿双①：

去年秋在绥远我接到你的八月份的来信，以后一直在行军作战，交通又不便，也没有机会给你去信。后来我又生了一场小病，转到后方去修[休]养，最近我才回到冀北总分社，何去未定，所以也没有给你信。不知你是否还在《安东日报》工作。

在石门附近时我见到报纸上爸爸和妈妈已来到解放区（那时我才从察哈尔回来），以为他们一定在我们附近，高兴极了。但一打听，他们还在东北呢！本来我想，也许要在香港见到他们的，但现在看样子，恐怕一年内还看不到他们的。

两年来我们一直在行军打仗。从没有在一个地方经过两星期以上，虽然很疲劳，但对战争还是有了初步的了解，也体会了战争的生活……

编者说明：本书收录了萧逸致沈霜的三封信。这是目前看到的仅有的三封信。

其中两封内容大多涉及沈霞，希望沈霜把沈霞的遗物保留好，"将来我要给她写一篇小说……"，"我希望保留她的一切东西。……"同时有给沈霜的一些有关学习的建议。最后一封是未写完的信，讲述了一些自己的生活、工作以及想念茅盾夫妇的事。特别是对战争的认识……

萧逸和沈霜既是内弟和姐夫的关系，又是革命战友。

---

① 此信应写于1949年初。信尾无落款，无时间，应是一封未写完的信。

二、茅盾夫妇写给儿子沈霜(韦韬)、儿媳陈小曼的信件(3 封)

【编者的话】

茅盾的儿子韦韬，1923年2月10日出生于上海，原名沈霜，后改名韦韬，取坚韧不拔，勇往直前、低调务实之意。姐姐沈霞去世后，韦韬成为茅盾夫妇唯一的孩子。

韦韬与姐姐一样，1940年随父母到延安，在茅盾夫妇赴重庆后，留在延安。在延安时沈霜给父母信很少，大多在姐姐沈霞信中夹带，所以茅盾给儿子沈霜的信也少，现收录于本书仅一封。但从这封家信中，我们可以看到，茅盾作为父亲，那深沉的爱，以及对儿子无私的关心和爱护。

第二封是茅盾夫妇写给已改名韦韬的沈霜夫妇新婚的贺词。这首贺词写于中华人民共和国成立后，既体现了茅盾作为文学大师的文学造诣，也表达出作为父亲的茅盾渴望儿子继承优良家风，为社会主义建设做贡献的良好祝愿。

韦韬（沈霜）被茅盾称为"我大半生活中始终在我身边的唯一的人"。女儿沈霞去世后茅盾对儿子的父爱，同母爱一样，平淡、平凡，却更深沉厚重。茅盾与韦韬父子情深，血浓于水。

第三封信是茅盾写给儿媳陈小曼的。讲述了很多事情，丝毫没有长辈架子，让我们看到一代文学大师对家人的关爱之情。

1. 茅盾写给儿子沈霜的信(1 封)

霜儿①：

　　好久没有收到你的信了，不知你身体如何？近年学习得怎样了？我和你妈都好，可勿记念。上次你要《静静的顿河》，现在我买了一部，托人带上，共四册。此书还是桂林印的，纸张较好，现在重庆印不出这样的书；价钱也相当贵，望你爱惜。此次又托人带上法币一万元，你和你姐姐二人各分五千，以备不时之需。妈妈老忧虑你那件大衣破得不成样子，你来信始终没有提起，此次该有便人来重庆，望你详细写一封信，把这些事情都说说，以免妈妈挂念。至要至要。即祝近好。

父字　六月卅日(1945)

　　此信请交琴秋转交。

---

　　①　此信写于沈霜在延安，茅盾夫妇在重庆时期。沈霜，后改名韦韬(1923—2013)。1940 年 6 月参加革命，先后在西北文工团、《辽东日报》及《东北日报》的副刊工作。新中国成立后长期在军事院校工作。1980 年离休，开始潜心整理茅盾著作手稿、回忆录等。2013 年 7 月 14 日在北京去世。

2. 茅盾夫妇《祝韦韬(沈霜)、小曼结婚之喜》贺词(1封)

茅盾夫妇《祝韦韬、小曼结婚之喜》[①]

我们为你俩祝福：

开始共同的快乐的生活，

建立新的美满的家庭。

我们为你俩祝福：

在生活上，学习上，工作上，

互相帮助，互相督促，相敬相亲。

我们为你俩祝福：

在新中国的建设中，

服从祖国的号召，

恭恭敬敬，诚诚恳恳，老老实实，

努力做一双有用的螺丝钉。

我们为你俩祝福：

在伟大的毛泽东时代，

在伟大的党的教育下，

有无限光明灿烂的前程！

你俩的爸爸和妈妈　沈雁冰　孔德沚

---

① 　此贺词写于 1951 年秋，韦韬、陈小曼结婚之时。

3. 茅盾写给儿媳陈小曼的信(1 封)

小曼①：

　　二日来信及前此来信均收悉，你身体还好，欣慰。我的确担心你病后便到农场劳动，怕吃不消。现在三夏已过，尔后的工作不会比前累，那就好了。两周来京中多雨，十分潮闷，忽冷忽热，幸而大家都没有生病。我出院后意外地忙，把积欠的字债都还了，写了大小二十多张，这不算；意外的是来访者甚多，差不多平均两三天有一二人或一批四五人。这些来访者多半是外地来的，例如上海来了两批，一批是上海某电影制片厂拟拍摄以杨开慧烈士为主角的电影，要我提供一九二六年春我在广州时所知道的毛主席与杨开慧的活动情况。另一批是上海话剧团，他们要排演八一南昌起义的剧本，也来找材料。北京黄钢他们打算编个诗剧，也以开慧烈士为主角，也来找我谈。此外就是鲁迅作品的一些注释组纷纷来要求为他们注释中遇到的问题提供解答。这方面最多。外地写信来问的也不少，至今未有尽期。其实我所知有限，何能为力，北京鲁迅研究室的一些人(好像他们虽同属一室而各自为谋)找过几次，提了许多问题，四五人同时记录，费时两小时至三小时，结果把记录稿整理后寄来，一看是莫名其妙，记错的不说，最糟的是文理不通，至于原来是不肯定的语气都变成肯定而生硬，那就更多了。而他们还说有许多问题未曾谈到，要求再谈。我实在没法，只好写信告诉他们，记录错误多而文理不通，我花了时间改，跟谈话时间一样多，倒不如把问题书面寄来，我书面答复，可以少花一半时间，不必来访了。这封信似乎发生作用，他们(是鲁研室的一支)不来了，也没有提书面问

---

① 　陈小曼(1931—)：广东东莞人，人民文学出版社编辑、茅盾儿媳。

题。关于鲁迅的，还有上海一话剧团拟编一个剧本，周游了省市七八处，找到我及北京其他人。其实他们在别处找的人不过从前听过鲁迅一二次讲课或通过一二次信的人，现在却夸夸其谈，以鲁迅"战友"面目出现，实在令人啼笑皆非。又，关于鲁迅给我的九封信的原稿(……①)，也找到了。是在公安部，专办姚等案件的。于是又来找我两次，要我解释信中说到的人(只用一个姓或化名)和事；这回是鲁迅博物馆来人，他们程度高，没有误记，不比鲁迅研究室的人是各省调来(中学教员，也有工厂的业余理论组的人)比较庞杂也。总之，出院一个月来，的确是意外地忙，但居然不生病。至于约稿，有《世界文学》，总算写了一篇，是他们出的题目，鲁迅介绍外国文学的宝贵经验。又有文化部文艺研究所来约，则我打算不写了。老了，视力又差得很，不能看小字书，看了前半部随看随遗忘，而现在的作品又长，真不好办，只好敬告不敏。匆匆问好。

爸爸　七月四日(1977)

---

① 此处有删节。

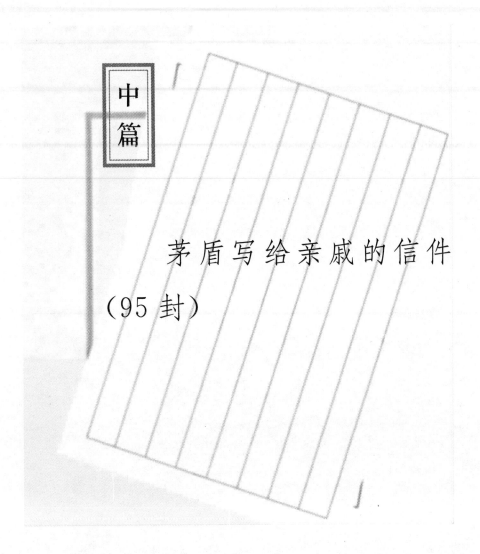

中篇

茅盾写给亲戚的信件
（95 封）

三、茅盾致堂弟沈德溶的信（6 封）

【编者的话】

沈德溶，茅盾二叔沈永钦之子，茅盾的堂弟。

本书收录的茅盾写给沈德溶的信，均写于茅盾晚年，此前两人多年不通音讯。

茅盾晚年，相濡以沫的夫人孔德沚病逝。寂寞孤独的茅盾收到沈德溶信后，感到十分高兴与欣慰。

茅盾晚年诸病缠身，目疾尤为严重，沈德溶对此十分关心，四处帮助寻医问药。茅盾得知后非常感动，叮嘱沈德溶不必为他费心，竭力避免给亲人添麻烦，体现出为人兄长的品德和境界。

茅盾给沈德溶的家书，写得非常具体，包括自己的工作情况、身体状况等，比如谈到身体状况会具体到如何诊治、吃什么药；在交流双方晚辈的工作、学习、生活情况时，生动述说，娓娓道来，画面感极强。

德溶弟[①]:

十一月一日来信，早已收到，迟复为歉。多年不通音讯，今得悉弟、妹等近况，甚为欣慰。汝嫂（孔德沚）于［一九］七〇年一月二十三日因糖尿病并发肾炎逝世，其后我又患肺炎，住院月余。近年来老病缠绵（高血压、慢性支气管炎、肠胃病等），经常服药，今年春季后略觉好些，但九月初又因支气管周围发炎，住院注射一个月。最近天气寒冷，我家已生暖气，此对气管炎有好处，然而儿辈嫌太热（规定是本月中旬生暖气，我提前一个月多）。汝侄韦韬仍在军大，侄媳陈小曼在文学出版社，大孙女迈衡在东北参军（她今年二十，早已入团，现任班长），孙男韦宁高中最后一年，可能年底（阴历）毕业，插队或其他，现不可知，小孙女丹丹四岁，甚聪慧，在幼儿园。除大孙女，都住在我家，倒也不寂寞，但白天他们都出去了，只我在家。你信上说的王子成，我不熟悉，我记得你们还有一个兄弟，此次来信，未见提及，不知他现在何处做何事？该已经结婚了罢？你的爱人姓名以及她的职业，还有德湖的爱人姓名、职业，下次便信望提及，并望你们合家的照片。我现在附上自己拍的大孙女、小孙女的照片，合家照片等将来照了再寄罢。

匆此即颂

健康！

兄鸿[②]　十一月十三日（1973）

---

① 德溶，即沈德溶(1922—2017)，茅盾二叔沈永钦（仲襄）之子。

② 茅盾原名沈德鸿。

德溶弟：

十一月廿五日来信及附照片均早收到，照片是[一九]七一年十月摄的，春婶并不见老，头发黑，也不秃，期颐之寿，可以预卜。来信讲起[一九]六〇年左右学桢①曾来京到过我家，十多年了，我年来健忘，已记不清楚。谭静仙担任北大医院党委工作时，我的大孙女（迈衡）因颈骨歪斜（轻度）曾由德沚带她到北大医院骨科诊治，证明颈骨正常，而所以常常颈略左倾者，由于眼斜视，因此又在北大医院眼科诊治（当时只有北大医院有校正斜视之器材），继续二三个月，仍未见效。后来到天津去动了手术——先后两眼两次，这才算根本上治好了。但仍近视兼散光，读书写字要戴眼镜（动手术前她戴过三棱的眼镜）。"文化大革命"时，谭静仙似已不在北大医院工作，她现在哪里？便中为我致意。

我的儿子和儿媳相当忙，我们没有合家欢照片，因为我很少到外边照相馆照相。我个人照片都是机关里摄影师照的，我和大孙女、孙儿、小孙女的照片是在家中自己拍的，现在再附上一张，大概是一年前，我与小丹燕的合影，那时我还抱得动她，现在可不行了，小丹丹很重。儿媳陈小曼在人民文学出版社工作，儿子在军大，最近可能调动，因军大在西郊，往来不便。儿媳因子宫瘤开刀，在家休息已将两月。我有许多老年病，血管硬化，写字手抖，余尚可。

匆匆即颂

健康！

兄鸿　十二月十一日（1973）

---

①　学桢，沈德溶的女儿。

德溶弟：

　　本月二日来信诵悉。"批林批孔"运动，上海开展热烈，较各地似胜一筹。京中少数老、弱、病者（大抵为人大代表、政协委员），但阅文件，免其一周三次之座谈，兄在此列，而二个月来老病屡发，常去医院。兄仍到北京医院看病，该院有所谓会诊室者，是专为照顾少数老弱及工作甚忙之高级干部而设，看病不须等候，另辟一区，与门诊部隔开。兄之老病仍为慢性支气管炎、肠胃不调、血管硬化等。两个月前检查身体，胆固醇高达二八五，幸中性脂肪尚属正常。现除更严格地控制食物外，又服烟酸肌醇酯片，据云此为比较新的药，专治胆固醇过高，是否有效，因人而异，连服两个月再验血，方知结果。山楂能防血管硬化，早已闻知，我亦常吃山楂，但对壮年人似有效，而对老年人因自然规律而血管硬化，似乎无多效果。白木耳我已连服两年，于慢性支气管炎（我得此病将二十年，近因年龄关系，一旦发作即转为肺炎，为此，[一九]七〇年来已三次住院）无多疗效，但因其为滋补品，服之有益无害，故天天吃一茶杯。此外，灵芝浸酒，亦试过，但必须用烧酒，而我素不能饮，故浸得后转送友人。京中有灵芝酒，乃以葡萄酒作底，除灵芝外，又有名贵中药二十种炮制，因其酒牲温和，且谓对哮喘性慢性支气管炎（我正是此病）及肠胃不调、神经衰弱等皆有特效，故已连服三四个月，未见速效，拟仍久服。近一个月口干、苦，舌根苔白，舌尖红剥，大便秘结，故服中药，每周至少去医院一次，已服中药二十多帖，未见效果，不知何故。

　　承告谭静仙夫妇近况，甚慰。大概他们也很忙，如蒙过访，极为欢迎。我们住东四头条五号，旧文化部宿舍。静仙住西城，相距较远。韦韬也很忙，代问候。

匆此即祝

合家安好！

兄雁冰　三月七日（1974）

以后来信可寄东四头条五号，较快。

溶弟：

　　五月十六日信收到已久，今日始复，甚歉。兄近患目疾（已两个月多），诊断为：双目均患老年性白内障，初发期；右目视力 0.3—4；左目又患老年性黄癍盘状变形，视力为一尺外不辨五指。经过针注射（注射 40 针），内服药，外点药，并无好转，医谓注射等只能使右目不再恶化，左目保持现状而已，但仍须少用目力，小字书现已不能看，写信约十分钟后视力模糊。目疾事为亲友所知，纷纷来信；四川友人谓成医①眼科有名于国内，广州谓中山医院毛大夫手术有名，上海亲友亦谓新华医院眼科手术（去白内障）神妙，西安友人谓白内障服中药可消除，等等。他们热心可感。但京医诊断亦并不差。初发期老年性白内障服中药，我将试之。但病人年龄体质及平日用目之多少各不相同，我不能必其对他人有效者对我亦有效也。至于老年性盘状变形而又加黄癍，则大概只能（最好的情况下）维持现状或延缓其恶化之速度而已。我告诉你这些情况，无非使你得信后不必劳神为我探寻医治之道，如两月来，川、陕、粤、沪、杭各亲友之所为也。少用目力是第一保养要诀（灯光下不看书，已一年矣），白天看些必要的东西，复必要复的信件而已。此信也只写到这里为止。附上全家照片一张，乃最近（一个月前）在京寓院子里自己拍的，其时大孙女小钢（东北参军者）适探亲来家。

　　匆匆顺颂

健康！

兄雁冰　七月廿一日（1974）

　　另小丹丹（幼孙女）单人照一张。

　　朝内大街 203 号乃新门牌。

----

　　① 成医，指成都医学院。

德溶弟：

五月廿五日信早到，我的眼病，年来更不行了，最近又打针，写字勉强，其实看不清笔划[画]，靠手摸熟及钢笔尖触纸有声才算白纸上有了黑字。

社会活动是不需要好目力的，周建人的眼睛更坏，五尺外不辨人形，他也照样活动。但他身体其他部分都好，而我则哮喘、冠心病、肺气肿等等，一年比一年增剧。走路要扶持，多走几步，便心跳气喘不能说话，上楼更不能。搬家也是为了免得上楼，新居为四合院，通讯址为：交道口、南三条、十三号，寄旧居仍能转到。

政协是否今年要开会，我也不知道。原来预定工、青、妇的全国代表会要在夏季举行，现在看来也会推后。

日内，统战部组织人大部分代表、政协部分委员出外参观，路远日久，我这身体是吃不消的，只好不去。有些老年人（与我同年或大于我的）身体好，都参加了。医生也说我不宜做那样的参观活动，因为我的一动就心跳气喘，以至不能说话，是严重的。

匆此即祝
健康！

兄鸿　六月四日（1975）

德溶弟：

二月二十六日来信收到。去年屡次生病，今年开始是腹泻，一个月始痊，后又支气管炎发作，至今中西药并进，尚无好转。幸摄影证明尚无肺炎现象。有些活动不得不参加，并不像你们那样想象似的紧张。学桢事我没有办法帮忙。安徽、江苏都没有熟人，连有一面之交者也没有。学桢事，也只好随遇而安，吾弟可对他教育。

匆此即颂

健康！

雁冰　三月三日（1977）

四、茅盾致堂妹沈德汶、沈凤钦，堂妹婿祝新民的信（11 封）

【编者的话】

　　沈德汶与沈凤钦（沈德瀛）都是茅盾四叔沈季豪的女儿，茅盾的堂妹。由于当时两家生活都较为拮据，1973年，沈凤钦因病去世，茅盾便主动承担起了照顾沈凤钦之子祝人杰的责任。他同时还体谅另一堂妹沈德汶生活困难，向沈德汶表示自己有能力接济外甥祝人杰，并告知她和其弟沈德沅不必为沈凤钦家事担忧。

　　茅盾虽是高官，但终生克勤克俭，而对于需要帮助的亲人，总是慷慨解囊、倾力相助。

　　茅盾除了关心堂妹们的经济状况，还十分关心堂妹沈德汶的健康情况，多次在信中询问沈德汶的病情，提出详细的诊治建议，反复强调要充分重视、及早治疗，又安慰她不必担心费用，自己可以代她负担，并邀请其来京、住自家、方便诊治等等。

　　从这些看似平常的家信中，我们看到了一个细心周到、体贴入微的好兄长，这样的兄妹之情，令人动容。

　　茅盾在给妹婿祝新民的信中，除了关心妹婿，还以自己一生廉洁自律的行为，要求外甥人杰立身立德，树立自食其力的观念，培养坚韧不拔、积极进取的精神。

汶妹①：

本月十七日来信已收到。人杰②甥也有信来，谓已分配在锅厂做临时工，另据钱老师（名丽琴，凤妹③生前好友，现调杭州，仍当小学教师，因其爱人倪在浙江省体委工作）来信说：本月十七日乌镇镇委副书记陈书记因事赴杭，曾到钱老师家，明确地说，人杰可以照顾，现分配在锅厂临时工，因为工厂现在不招工，故作为临时工，将来不难转正。各省市工厂三年不招工，是中央于[一九]七三年发的命令，想来你也知道，所以人杰的事大概已完，不会再有变动。又人杰的同学而且同时到锅厂做临时工的朱一行的母亲杨美华（与凤钦妹同学，现为乌镇公社小学教师）来信，也说临时工其实会长久做下去，不会有变动。所以，人杰的工作问题大概解决了。

但人杰的工资一定很少，恐怕只够吃，而不能解决穿之一事（在锅厂做重劳动，当然衣服容易磨损），我打算寄一些钱放在杨老师处，随时接济人杰。你和沅弟④都负担重，我是比你们宽裕得多点，以后沅弟也不必寄钱去，人杰的费用由我负担好了。这事也打算告知杨老师不让祝新民知道，如果祝新民知道了，他会向人杰要钱，我跟你一样不信任祝新民。

前信妹曾说有病（面目浮肿，身体酸疼）而查不出原因，我很为你担心。你应当来个全身检查，验血（看肝功能如何），透视——而且要做骨骼透视（这是属于骨科的了），俾得查明病源，及早诊治。不知合肥有此条件否？（你有没有低烧？）如果没有，能否到上海去诊

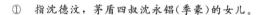

① 指沈德汶，茅盾四叔沈永锡（季豪）的女儿。

② 人杰，祝人杰，沈凤钦之子。

③ 指沈凤钦。

④ 沅弟，沈德沅，沈德汶之弟。

治检查？或者到北京来，住在我家，到北大医院骨科检查。二婶的侄孙女谭碧云，现在北大医院党委办公室工作，我托她，大概可以住院检查。以上建议，你莫等闲视之，你同妹夫商量后做决定。至于因此而要花钱，你手头没有，那不妨，一切都由我担负可也。

你说年老每回忆旧事，放风筝外，我还记得大概是祖母除灵，我们全家到乌镇，德沚说要认认同族中同辈的姊妹们，于是叫了九江楼的菜，在老屋吃饭，那时物价还便宜，一席酒菜只花了十元左右。同族的妹妹们彼时最大者十六七，最小者五六岁，现在都老了罢？有的去世，有的不通音讯。从那时到今天，这四十多年中，我经过许多事，跑过大半个中国，也出国多次，欧、亚、非三洲一些国家都到过；但这些近二十年的事，反而记忆模糊，倒是青年（卅岁左右）的事却印象深刻。人们都说青年时事到老不忘，而垂老之时所经各事则过眼烟云，随时消淡，这真亲身体验到了。

不多谈了，希望你对于治病一事，慎重看待，以免贻误。盼复，

此祝

健康！

妹夫前均此问候。

兄雁冰　四月廿三日(1974)

沅弟昨有信来，我不另复，请即以此信代复为荷！

汶妹：

四月廿九日来信，早已收到，迟复为歉。你的病情既然同样患者甚多，而且已有两人检查出是肾盂肾炎，又此种浮肿，似乎受天气影响，同患者一齐都肿，又一齐都好，是否同职业病相似。但你既有心脏病，仍需留心。平时吃食要多营养。听说安徽供应不坏，盼望你多吃些富于营养的食品。我一向疏忽，很少关心你和沅弟一家，想起来就十分不安。现在汇上一百元，你和沅弟妇（朱霞英）各人一半，区区之数，只够你们买点东西吃；这是我做大哥的一点小意思。我猜想你和沅弟两家经济情况也不见得宽裕，只是马马虎虎能过去而已，以后如遇有急需，手头不便，请据实告诉我，我能接济。千万不要客气，自家兄妹不用客气。

人杰已在冶坊工作，来信谓工作服易破坏，要我寄点旧衣去，凑巧我的孙儿一年内个儿长得快，旧衣嫌短，大概适合人杰身材，我当拣寄一些去。凤妹生前好友，钱老师已调杭州，但尚有杨美华老师在乌镇公社小学教书，她的儿子朱一行就是和人杰同班毕业，此次同时分配在冶坊工作的。她与我通过信，讲了些祝新民的行为不好的事——凤妹死后遗下存款二千元，又凤妹在杭州治病时数月的工资，统统被祝新民在一年多时间内花光了。凤妹生前省吃俭用，每月还给祝新民十多元，而凤妹一死，祝新民就这样花钱，又打算人杰有工作后可以补贴他。这个人剥削老婆，还欲剥削儿子，品德坏极，我听了气得很。但人杰似乎还想做"孝子"，杨老师也不以为然，她要我告诫人杰，我已去信（由杨老师转），直截了当告诫人杰：工作要努力，学习也要努力，争取做个好工人，不可在父亲的坏影响之下，只想到钱。我又告诫他：祝新民是五类分子，虽是父亲，你应当和他在政治上划清界限，不然于你前途不利。我这算是尽了

告诫小辈之责，但他能不能听从，我是没有把握的。你和沅弟同人杰更近一些，盼望你们也随时教导他。

我也告诉杨老师：人杰如因生病等等而有急需，请她告诉我，我当担负经济上的全部责任。你和沅弟不宽裕，可以不管，你们只随时了解情况告诉我好了。

盼望你有机会到北京来玩。明年如果退休，一定要来，住在我家，住长住短由你便。

不多写了，祝你合家康乐，妹夫均此不另。

兄雁冰　五月九日（1974）

汶妹：

六月八日、廿五日、廿七日来信并附董老师信，均已读悉。人杰在锅厂的工作，看来还顺利。前据洵弟来信，杭州有些厂也因缺煤停工。又据四川及别的省份友人来信，不因缺煤而因闹派性，有些厂也三天两头停工。浙江曾有大规模的武斗，现在总算平静。杭州我有不少亲友，陈家的表弟即在杭州，乌镇反倒没有熟人。锅厂即使停工，料想是暂时的；淮南煤厂事件迟早总得解决，未能立即断然解决者因其非一厂之事，其背景远为复杂也。北京供应一向较好，因是首都，中外观瞻所系。上海也好，南京、苏州就差了。洵弟家庭纠纷，我看经济困难也是个因素。涓过去曾来信，谈的主要是两件事：一为榕侄工作；二为经济拮据。我告诉她：经济上我可帮助，榕侄工作则无能为力，此因省当局中我无熟人（周建人现因年老，不做地方工作，已长住北京），且此等事，当此各方面都反对走后门之时，尤其难办。现在榕侄既因胃病不能去东北，且在家治病，工作将来再说。明日我当寄点钱去，俾能安心治病。林侄大概初中毕业了罢，何以也闲在家中？望妹便中告我。至于妹的走路稍急即心慌气促，是不是心脏不好，未必是年龄关系，因为妹尚不能算老年也。望到医院检查，做个心电图。我也有此病，则因多年慢性支气管炎，又动脉硬化之故。太胖是不好的，不知你胖到何等程度？总之，我劝你到医院做全身检查，如有慢性病，或血管开始硬化，就得趁早设法。

至于我的目疾，经检查是：左目老年性盘状变形（视网退化的一种病），现在三尺外不辨五指，但见手形，左、右两目又是初发期的老年白内障。现在只靠右目（视力为零点三、四），尚能看大字书，能写这样大字的信，已经治疗一个多月，注射四十针，又有内服药

及点眼。注射今已暂停，因吸收不好，股上都是硬块，无处再下针了。此等老年病都因前两年用目过度而起。大凡人过了七十，一切器官退化加剧，而犹不克制仍开快车，则一定要出毛病的。所以我的目疾，今之治疗只能延缓其退化之过程，不能恢复原状，但仍需少用目力。现在每日用目时间极力减少，用目半小时即休息十多分钟，灯光下绝对不用目。如此而已，别无他法。今日世界上尚有许多病无绝对治疗办法，更不用说挽转自然规律之发展　即所谓返老还童了。如血管硬化即无法使已硬化者变软，只能使再发展得慢些。而血管硬化则为老年人各种病的根源。

妹今年大概五十多岁罢，应及早预防血管硬化，检查胆固醇，少吃胆固醇含量高之食物，如动物内脏等等。我多年不吃内脏，最近胆固醇又高了，服药三个月稍稍降低，现断续服药，并控制饮食。附上照相一张，还是去年夏天拍的，在京寓院子里。新近拍了合家欢，但因是彩色片，冲洗、印费时——外边不肯印，儿子孙子早买了全套设备，过去自己印过一些（放大），勉强可以。附上之黑白照片也是自己照、冲洗、印的。因为我向来不到照相馆拍照，所以自己干。

匆匆即颂

健康！

兄雁冰　六月卅日(1974)

董信附还。

汶妹：

八月十二日来信敬悉。你打算秋凉后割掉腰间的肿块，不知何时动手，希望一切顺利。兄自五月间检查出目疾严重，当即医治，打针、服药、点眼药，迄今已三个半月，未见好转。因为是老年性白内障（初发期）不能动手术，而左目又患老年性黄斑性盘状变形，则视力几等于零。幸右目视力尚有零点三，故能看大字书及写字，然易疲劳。医谓倘不节用目力，则病将迅速恶化，药石无能为力也。而所以得这些病，亦因过去白天夜间用目时间太多之故。而况我年青时本来就患沙眼，刮沙粒后遗留斑块，见风流泪。现除服西药外，又服川友介绍成都眼科名医（中医，已七十多岁）所开之药方，其中一味药（空青石），京、沪大药房均无此物，且不知其名，仍从四川中医学院附属医院之药房购得。中药见效慢，现已服半月，须一个多月后看情况。

榕侄事，洵弟于月初来信，说得较详细，今附上。事隔一个月，洵弟未再来信，我因目疾亦未写信去问。估量黑龙江方面不会那样快就处理。此事关键在黑省矿方，彼处毫无门路，我无能为力也。

匆此即颂

健康！

兄雁冰　八月廿八日（1974）

汶妹：

　　十一月十七日来信早收到。因为那时集体参观了部队军事表演、工厂、农村、学校等等，所以没有时间马上复信。你的瘤既然可以不开刀，暂缓也可，但何以脚肿、脸肿多年而且到冬天发作？医生怎么说？何不再为浮肿请医生检查一下？

　　安徽农村生产不及去年，气候不好是一个因素罢？沈阳(乃至辽宁地区)已经一两年很不好，市上供应极差。大孙女参军，副食品平常只有蔬菜，逢节方有肉吃。北京供应照常。花生可以买到，我们也不常吃花生，因为有别的点心(如饼干等等)，也不用花生做菜。

　　上次信封上写的门牌是已经换了几年的老门牌，至于东四、头条、五号是十五年前的老门牌，十五年前文化部盖大楼，头条胡同的老百姓房子早已拆掉，五号是洋房，本是美国人办的学校，文化部最初即以此为办公楼，后即作为宿舍，我已住了廿五年。现在要搬家，九月中修理，昨天修理完毕，去看了一下，还可以；这是四合院，地址为"大跃进路七条胡同十三号"，老地名为"后圆恩寺"，房子大小二十多间，也还够用。这是因为饭厅、会客室、车库(放我的专用小轿车)、下人房、厨房等等，占用了大小十多间。妹退休后可来京住，玩个把月，大概本月十五号左右搬家。不多写了。

　　祝

健康！

雁冰　十二月四日(1974)

汶妹：

　　七月卅日来信，昨日收到。可惜，我家仅有的一间客房早有人住了；她是小曼的亲戚，请来照顾我的小孙女的。小曼今年五月底就到干校劳动，期为一年。家中无人照管小丹丹。阿桑早出晚归，我同他除了星期天，难得见面。家中人少，白天只我一人在家，而我又是行动不便（两腿发软，不能站立，走一步要人扶助），自然没有办法照顾小丹丹了。这位亲戚不但管教小丹丹，也招呼来客。她是退休人员，又无子女、孙辈需她照管，所以肯来帮忙。你们想来北京，今年不行，明后年行。而且今年尚未解除地震警报。

　　匆此即颂

健康！

鸿　八月二日(1977)

汶妹：

　　十五日来信早到，因事迟复为歉。你所说的板蓝根注射液，问过医生，说没有。大家说我们去看病的医院是相当保守的，试验期中的新药是不敢昧然采用的。如果你能把这种药的方单寄给我，我可以叫人持单到市场上药店问问，如有就买来寄给你。左臂疼，面部浮肿，是太劳累之后又缺乏营养的结果，只能吃药。

　　我常年服中药，为的是脾胃不好，大便不正常，不能吸收营养，半年来瘦了好多。眼睛更不行了，写字困难，因为有飞花；看小字书更不行，长期以耳代目。

　　匆此专颂

健康！

雁冰　四月廿二日（1978）

汶妹：

　　六月二日来信收到了。经安于六月七日来信，言曾来我寓三次，均未见。这是因为我从上月廿七日起，上午下午都在开会（全国文联扩大会议），晚上十一时方回家。经安来过，却不留个字条，他于六月七日来信中也未留地址，我无法找他。我们的会是五日结束的，倘他留有住址，我可以派人找他，他说是十一日离京，还能一见，现在真没有办法了。大概他是不看报的，不然，我们的会是个全国性大会，报上有消息。现在会开完了，各省的省报都会登消息。中央广播电台前天来我家采访，录了我的简单讲话的录音，昨晚已放送两次；可能各省的广播台也要转播的。一年来比从前忙得多了，来信（不认识的青年）每日四五封，来访（为各种事从外地来的）亦每月一二次。没有精神支持，打算月内住医院检查，也算休息。

　　即颂

健康！

雁冰　六月九日（1978）

凤钦妹、新民妹婿①：

　　来信收到，凤妹之病，近日如何？胡桃嫩枝昨四出访求，有树者（公家房产内之树）因砍去嫩枝有害树之长大，不肯照砍。后来由机关事务管理局出面，才弄到一点，数目不多，先寄上备用。以后倘再弄到一点，就再寄上。不过，我处寄物用的旧布用完了，上次寄的及此次寄的布袋请由邮局寄还为要。

　　匆匆，即颂

健康！

兄鸿　三月廿五日下午(1971)

---

　　① 新民，即祝新民，沈凤钦丈夫。

新民妹婿：

　　一月卅日来信及柳宗元手迹石刻残片拓本均早收到。询之文物部门友人，据云此项拓本无甚价值，即有收藏者亦未必肯出重价，因此只好随信寄还，保存以做纪念可也。另汇上伍拾元，聊济窘困。此信及款收到后望付一复信。我年来衰病，亲友书柬疏懒，凤妹病故之讯，迨洵弟函告，已在一个月后。当时故亦不及函慰，歉歉。

　　匆匆，并颂

健康！

鸿　二月十五日(1973)

　　附柳字石刻残片拓本一纸。

新民妹夫：

　　七月十七日来信早到，因事迟复为歉。人杰不能补考，实在可惜。我接到他的信，估计时间紧迫，所以立即发了加急电，谁知还是迟了一天！照人杰来信所称，初中毕业考试主要课程都在九十分以上，英文差些，亦有七十七分，照这样子，考高中十拿九稳，不知谁给他出的主意，不考高中？人杰信中说高中毕业后工作仍无把握，此乃无远见。今日世事一年一变，两年后未必还是今年的黄历。帮忙亲戚，就我而言，金钱上较易，而走后门较难。浙江对初中毕业生之支边、支农，卡得很严，我也有所知，但不知支农是在本省或外省？支边听说是云南，就我所知，高中毕业分配农村插队，到云南、内蒙等地者较受当地欢迎，而且高中毕业后文化有基础，在当地大有可为。所以，能考高中而不考，真是大大失算。过去的事，不必再说，且言未来。我给乌镇镇委的信未必有效；目前的事，权在地方，下级对于顶头上司的指示，不敢不办，而隔了几层的机构或人，就无能为力。所以，我意：既然乌镇小学支部念凤钦旧情，十分帮忙，你应请他们出力向镇委说情。当地人情，有时会卖几分的。如不能分配工作，而是"暂缓"，则问题是人杰闲着，怕从前所学完全荒废，或且交游匪人成了游手好闲。至于他一人衣食所需，问题不大，我可负担。又浙江初中毕业支农，不知派到何处？倘在本省，又在何县？明白了这些具体情况，方能决定何去何从。一听支农，就吓得不得了，这是不对的。至于插队后，工分不能顾全自己的衣食，我可以帮助。总之，只要孩子本人学好，力争进步，做人做事灵活，到处有前途的。你应以这种道理教导人杰，提高其思想觉悟，养成其闯难关、自立为人的思想和勇力，不应以你的无劳动力、将来生活困难等扰乱人杰，使其眼光狭小，志气颓丧也。我教儿子、孙女、孙子，都是这样。大孙女参军，生活比在家有天壤之别，但她坚持一年半的时间内入团，升为班长，今年二十岁，要带一班女兵，幸无过失，上受领导器重，下得同班战士拥护。但女兵终须复员，复员后如何，今日不能预测，到时再看情况相机办理。我举此一事，劝你千万不要把事看死，到什么山唱什么山歌，奋力适应环境，自强不息，才是正理。

至于你想叫人杰到北京依我，此事行不通！北京目前不准外边人来落户，外边人有要来北京探亲者，都要当地革委批准，不然，买不到车票，而且到京后要报告户籍警察，期满必须出京。至于找工作，一个初中生在京何能找到工作？今年北京初中毕业生除极少数报考高中，以及独生子可分配在京工作(不是工厂，工厂今明两年都不收新人，京中电力不足，许多工厂，不能开满工，一星期内只能开四五天工，其余时间以学习、批修整风度过)，但所分配工作，主要是服务行业——售货员，修皮鞋，修理铝锅、罐等等，或在建筑工地当小工，挑砖、弄瓦等等，但分配到此等行业的人数亦有限，大部分(百分之九十)初中毕业生都插队去了。情况如此，劝你死了这条心，要按可能、实际情况，为人杰将来着想，目下且看镇委如何处理，再说。

来信所开几个人名(我可以和他们通信，了解情况的)，有些名字来信写得潦草，不知何字，请再来信写清楚并其通讯址。

年老手颤，字迹潦草，甚歉。

此祝

健康进步！

舅兄鸿　七月廿三日上午(1973)

五、茅盾致表弟陈瑜清的信(37 封)

【编者的话】

在茅盾亲戚中，表弟陈瑜清对茅盾有着特殊的意义。

陈瑜清是茅盾外祖父家堂舅父陈粟香之子，自幼父母双亡，全靠茅盾母亲对他照顾。成年后，陈瑜清在茅盾母亲的帮助下赴日本、法国留学，与茅盾一直保持联系。

夫人孔德沚离世后，晚年茅盾深陷疾病和寂寞的痛苦中。而陈瑜清主动给表哥写信，送上问候。本书选录的茅盾写给陈瑜清的书信，都写于 20 世纪 70 年代。

在这些书信中，茅盾对陈瑜清的请求或帮助或请教，都诚恳而详尽地予以解答。

茅盾晚年目疾严重，写一封信殊为不易。但他给表弟陈瑜清的每一封信都写得非常认真。从这些书信中，我们看到的，不仅仅是亦亲亦友的兄弟之谊，还有茅盾作为一代文学大师严谨认真的生活态度、治学精神。

瑜清表弟①：

　　十一日来信敬悉，德沚患病多年［糖尿（病）、心脏病、高血压等］，去年春间检验：糖尿［病］已控制，血压亦正常，惟冠状动脉硬化稍有进展，（医谓此乃高年常态，她七十三岁，不必过虑），体气如常，惟较前为瘦。老年人与其肥，不如瘦，她过去太肥胖了，医生屡以为言，所以见她瘦了，方以为乃佳兆。去年秋后，瘦愈甚而下肢浮肿，但血糖、尿糖仍正常，天天吃药，未见改轻亦未见增剧。

　　去年十一月间，突然食欲不好，后服开胃药，未几渐好。十二月尾又食欲不好，同时手亦浮肿，服中西药皆不见效。

　　今年一月中旬，体力益弱，行步须扶持，且甚慢，已不下楼。此段时间，连进医院三次门诊，医生只谓老年、积久慢性病等等，除服常服之四五种药外，别无他法。逝世前二三日，她日间昏昏欲睡，饮食不进，前半夜则不能睡，后来人家说此是酸中毒现象，当时我们但觉不妙，未知其究竟也。廿七日进医院急诊，则神智昏昏，验血，断为酸中毒、尿中毒、慢性肾炎并发，抢救十多小时，无效。此为大概。七十三岁，未为短寿；观其病中痛苦，逝世亦为解脱。惟孙儿女皆未成立，她死时必耿耿于心也。附上照片一张，是几年前所拍，盖自一九六四年后，我们没有拍照。

　　读来信知诸表侄及侄女等均有工作，且进步甚大，深为您贺。

　　①　指陈瑜清(1908—1992)，茅盾外祖父陈我如的堂侄孙。幼时父母相继离世，9岁由茅盾母亲带到上海求学。后留学日本、法国，有《伪装的爱情》等译作问世。1956年从东北移居杭州，在浙江图书馆工作。

世局变化极剧烈，青年人大可有为，只老残如我者，仅有艳羡。

　　匆匆恕不多及，顺颂

健康！

表兄雁冰　三月十五日(1970)

瑜清表弟:

一月廿六日来信读悉。春节已过,让我藉此补祝您、您夫人及表侄等都安康愉快。蒙谬赞,实愧不敢当。年过七十,精力疲惫,说不上再能对祖国有所贡献了;至于以往言行,错误孔[恐]多,惟有汗颜。从前我悼郑振铎诗,有"天吝留年与补过"①一句,振铎是飞机失事而早亡,我则居然活过七十,天不吝年,奈我未能补过,徒呼负负。一个半月来,慢性支气管炎发作,夜不安枕,十分委顿,近方稍稍好转。大约天暖后就不会发了。您问我有没有赫胥黎的《人在自然界中的地位》。我找了一会儿,没有。我现在所有的书都是解放后买的或出版社赠送的,以文艺、哲学、历史为多,另有些通俗科学读物而已。友朋中顺便问过,亦无此书。您或者通过你馆,问问上海图书馆,说不定会有。短纸话长,匆匆即颂

健康!

表兄鸿　二月一日上午(1971)

---

① 此句出自茅盾一九五八年十一月作《挽郑振铎》:惊闻星殒值高秋,冻雨飘风未解愁。为有直肠爱臧否,岂无白眼看沉浮。买书贪得常倾箧,下笔浑如不系舟。天吝留年与补过,九原料应恨悠悠。

瑜清表弟：

　　五月三日手书及合家欢照片早收到。我亦懒散，至今始复。承告河清①近况，甚慰。他的爱人巴一熔，我未尝一面，想是后娶？故人远隔，吊庆两疏，便中多为道歉。我近来眼力衰退，五号字竟看不清楚，写字手发抖。加以失眠老病，近更加甚，夜夜服安眠药两种，只能睡六小时许，但犹醒二三次，以故神思昏昏，倦于严肃思考。平日偃卧时多，偶读大字本的马列书籍而已。看了你寄来的照片，深羡子女成行，十分热闹。我一长孙女，远在东北参军，她不巧，初中二，就碰上"文化大革命"，[一九]六九年就算她毕业了，幸而她能自修，文化水平比一般年令②学历者为高，在队伍一年半，进了团，升了班长，这是政治上有进步，科学知识，全然忘得精光；日后复员，正不知作何事好也。孙男今为高二生，幼孙女今年四岁，三孙皆颖悟，但前二者忽学忽辍，最幼者如何尚不可知。早生十年或晚生十年似乎幸运些，惟有五四年前后出世者弄得不上不下，盖不独我一家为然也。子恺、巴金近况，亦有人告知。闻皆健康，甚为庆慰。有些人拖不过去，比他们年青，也听说死了。匆匆，顺颂健康！

表兄鸿上　五月十五日（1973）

————————

① 河清，即黄源，原名黄河清，浙江海盐人，作家、翻译家。

② 原书信为令，现应作龄。

瑜清表弟：

九月十七日照片及杭州手帕，都早收到。因病住院，故而迟至今日始复。上次上海传说我病了，伍禅[1]、慧英曾来看望；却不料时隔不久，我当真病了，——还是气管炎。住院注射，一个多月，近方出院，而低烧间日有之（ 二厘）。咳嗽时愈时剧，仍在服药，大概要过冬至，才可稳定下来也。承蒙芾甘兄关注，甚感；惜不知其住址，仍请便中为我代谢。吴朗西[2]兄久缺音问，知其近况甚慰。病后不耐久坐作字，姑止于此。并颂

合家康乐！

表兄鸿 十月七日（1973）

北京医院病房甚舒适（较两年前），但住院终嫌寂寞，故未及痊愈就出来了。说不定过几天还要进去。

---

① 伍禅：广东海丰人，茅盾表侄女陈慧英的丈夫，上海文化生活出版社创办者之一。

② 吴朗西：四川开县人，现代编辑家、出版家、翻译家。1935年与伍禅等友人一起在上海创办文化生活出版社并任社长。

瑜清表弟：

十月廿七日手书奉悉。我竟不知你的生日是阴历五月朔日，失礼之至。来信细述诸表侄情况，殊深欣慰。兰玉满堂，想粟香舅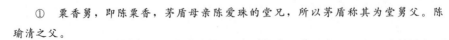地下有知，当亦喜甚，或且作诗纪盛。我全家(实只一儿一媳一孙，大孙女参军在东北，小孙女仅四岁，幸甚明慧)读了你的信，对于夏英，或以为男，或以为女。若果是男，则嫂夫人宜男之征，实足传为嘉话也。我的病早已好了，感冒而引起支气管炎老病发作，常有之事，特此次稍较麻烦耳。京中早寒，我家已生暖气(提前半月)，盖亦防再伤风也。见示三诗，其五言是古体，用仄韵，殊觉新颖。朱陈②次韵，工稳，惜少新意，盖亦因颈斗二韵难办耳。你的自勉，就诗律而论，既失粘，又平仄不调，此亦难怪，想来你未尝于此费功夫也。我次韵一首，对仗欠工，聊以博一笑耳。另纸书附。匆匆，并祝

俪福！

表兄沈雁冰　十一月二日(1973)

---

① 粟香舅，即陈粟香，茅盾母亲陈爱珠的堂兄，所以茅盾称其为堂舅父。陈瑜清之父。

② 朱陈：朱光潜长子，安徽桐城人，安徽大学中文系教授。系陈瑜清 1945 年在四川隆昌立达学园任教时的学生。

瑜清表弟：

十一月十四日手书诵悉。前诗意境词藻，都不足取，乃蒙过奖，更增惭愧。夏英、青萍患慢性甲状腺亢进症，可以治疗。德沚亦曾患此，当时多服海带，后竟无恙。关于旧诗、词的格律，前人著作甚多，然而或有门户之见，且亦芜杂。解放后，王力的诗词格律，甚便于初学者。想来浙江图书馆当有此书。旧体诗押韵，本来没有标准的韵书，六朝以后始渐齐备。清朝编佩文韵府可谓集前人之大成。但唐人某字读音与今人不同者甚多，历来韵书，依唐音分类，此在王力的书中已详言之。抗战时我在桂林，一日与柳亚子、田汉郊游，偶然即景作诗，柳先生一诗三江、七阳韵兼用，当时乃偶然误用，但亦群以为昔时官定韵书，实不必拘守，当打破界限，另行分部，可惜后来未曾着手做去。至于律诗，颈联（第三、四句）与腹联（第五、六句）要讲究对仗，我的那首诗，颈联还算对仗稍可（附言，原诗瀛岛蓬飘，下句对巴黎寄踪，不甚工，如改为巴黎萍寄，则较可）。腹联则谈不到对仗了。就此而论，则朱孟①的祝寿诗，对仗较为工稳，他大概是下过功夫的。

至于四届人大代表事，我是中央建议由上海协商选举的五十五人之一。此五十五人都是住在北京的，但由上海市选出，作为上海代表。胡愈之、叶圣陶等同在此列。苻甘兄怀念，至感，便中烦致意。日后拟直接和他通讯，惜前抄地址，一时又找不到了。

附奉答陈晓华②同志：三百篇皆天籁耳，后贤声律始求细。君才

---

① 朱孟，应作朱陈。

② 陈晓华，时任职于浙江图书馆。

磊落破空飞，何必暧昧随俗世。请转告以博一笑。

　　匆此顺颂

合家康乐！

表兄雁冰　十一月廿二日(1973)

　　附抄旧作词：

西江月

　　几度芳菲鹈鴂，一番风雨仓庚。

　　斜阳腐草起流萤。牛鬼蛇神弄影。

　　可笑沐猴而冠，剧怜指鹿盈廷。

　　五洲怒火正奔腾。齐唱东风更劲。

瑜清表弟：

本月九日来信早到，因事迟复为歉。陈晓华同志的信及西江月均诵悉。陈同志要我写字，深感惶恐。我的字没有好好下过功夫，正如我作诗、填词一样，只是闹着玩的；既然陈同志有嗜痂之好，倒叫我不能藏拙了。现随信附上，请转交。另一纸是给你留念的。

请转向陈同志致意：我不另写信了，请他原谅。

来信谈起吴朗西和你当时在东京到我住的旅馆去，曾见过我作品中的一个主人公，朗西记得而你已无印象云云。朗西兄说的"事出有因"，但弄错了一个人。他所说的那个人是我的某一作品《虹》中的主人公的女友，亦即同乡。《虹》的主人公是以胡兰畦为模特儿的，胡是一九二七年武汉的国民党中央军事政治学校的女生，我曾在该校教过几个月的书——其实是定期讲演，讲题是中国的封建势力与帝国主义，不发讲义，而且是"大课堂"——即各班女生和部分男生都来听讲，共计四五百人。胡兰畦现已去世。《虹》所写的，部分是以她为模特儿。你说起郑振铎的一篇记述抗战前我们在上海定期聚餐事，那时我和胡愈之都是不会喝酒的。解放后我因常常招待外宾，有时不得不喝几口葡萄酒，现因慢性支气管炎，就一口也不喝了。胡愈之常常遇见，他仍不喝酒。我当为你致意①。

柯麟②已住医院快半年了。他到京后曾来我家，本说二三天后即回广州，不料却进了医院（三〇一），而且至今没有出来。这个医院，从前我的大孙女为治肝炎，曾住院一个月，我去过，在西郊，离市

---

① 据陈瑜清晚年回忆：1929年底他到法国巴黎时，最先得到胡愈之先生的热情款待。胡先生特意陪他去买了一个价值一百多法郎的牛皮包赠与他。这种爱屋及乌的举止，令陈瑜清终身难忘。所以写信给茅盾时，请代向胡愈之先生表示谢意。

② 柯麟，广东海丰人，著名医学教育家。其夫人陈智英是茅盾大表侄女。

区很远。我打算过一些日子，约慧英同去看望柯麟，因为我有车子，去也方便。目前我每日有些事，还抽不出半天时间来。

　　拉杂写来，就此结束罢。

　　顺颂

合家健康！

表兄鸿　十二月二十一日(1973)

瑜清表弟：

　　年前所发一信及桂林山水彩色卡片，收到谢谢。兹依次奉答来信所询各事：

　　一、您改作之《自勉》，较初作大有进步，主要在格律方面。惜全诗仍意境平平。旧体诗、词如格律不协则不成其旧体诗、词，但诗之高下则重在意境，至于风格，则因人而异，亦有同一人而兼备各种风格，如辛稼轩词，李、杜、苏诗是已。

　　二、附来刘炼虹①同志七律二首，从意境方面说，鄙意以为胜似尊作，其赠我之作，奖饰过当，愧不敢受。生平碌碌，浪得微名，无一专长，直是一个"三脚猫"耳。乞为转向刘同志致敬意并愧恧之忱。

　　三、贵同事刘建华②及其爱人朱关田③拟得我的字幅，此是小事，敢不遵命，惟我的字实在拙劣，既两位同志有嗜痂之好，亦不敢藏拙矣。迟日即当写奉。但两位的姓名，来信字划[画]稍潦草，是否即为刘建华与朱关田，尚请来信明告。

　　四、柳亚子先生原诗为"寿君五秩感君贤，风雨论交二十年。记取潮流澎湃日，甘陵郜部著鞭先"。末句"甘陵郜部"您不知出处，不得其解。我看来这是借用后汉书党锢传序④"由是甘陵有南北部"这一史事。另纸抄《党锢传序》一段有关甘陵的，备参考。柳先生之所以用这典故，想来是由于这样的背景：一九二五年秋冬之交，国民党右派在北京西山会议集会，宣言反对孙中山之三大政策并自立伪中

----

①　刘炼虹，原名刘文伟，四川泸州人。

②　刘建华，曾在浙江图书馆工作。

③　朱关田，浙江绍兴人，书法家。

④　指《后汉书·党锢传序》篇。

央及各省、市党部，于是以两广为基地的在当时还是奉行三大政策之国民党中央在共产党大力支持下对西山会议派进行反击，在各省、市成立左派的党部，其时在上海成立之左派国民党市党部中有恽代英及我。（另有数人在蒋介石于一九二七年反共后跑到蒋那里去了，其中一人吴开先后来极反动。）当时广州国民党中央所建立之反西山会议派之省、市党部以有中共之援助，以上海市党部为最有声势与实力。西山会议派在北，上海市党部（左派）在南，故柳先生借用甘陵南北党部之故事。若论其本质，则后汉之党争与一九二六年国民党内之斗争，迥然不同，然诗人用事，常取其表面之相似以相譬喻。例如原题第二首及第三首之起句皆用典，亦皆借用也。鄙解如此，您以为如何？匆复并颂俪福！

表兄雁冰　一月二十七日(1974)

附抄《后汉书》一小段见另纸。

《后汉书·党锢传序》：初，桓帝受学于甘陵，周福，及即位，擢为尚书。时同郡河南尹房植有名当朝，乡人为之谣曰："天下规矩房伯武，因师获印周仲进。"二家宾客，互相讥揣，遂各树朋徒，渐成尤隙，由是甘陵有南北部，党人之议，自此始矣。

可详查《后汉书》标点本第七册第二一八六面，中华书局本。

甘陵为地名，房植亦甘陵人，伯武为房字。仲进为周字。房为南部，周为北部。此谣抑周扬房。

瑜清表弟：

接上月廿四日来函后，即于廿七日奉复，未知收到否？此函指出甘陵党部出处及柳诗此句之解释。又，来函谓有同事刘建华及其爱人朱关田托您请我写字，我已允诺，但因来函字迹对他二人姓名似草书，又似简笔，我猜想是建华、关田，但又恐有误，故特倩来函正书，以便落款。迄今多日，未见复函，特再函询，盼即赐复为荷。匆此并颂俪福。

表兄雁冰　二月八日(1974)

近来新出之简笔字，我未谙熟，用于行文，就上下文义尚可猜中，若为人名则无上下文义可求，常恐弄错，所以对刘、朱大名必请正楷示知也。

99

瑜清表弟：

　　二月十、十一日两航空信昨天同时收到。今日从北京医院治牙归家即写了一剪梅，为你和晓华同志祝刘建华、朱关田同志结婚祝贺。词与字都拙劣，勉应遵命耳。晓华赠建华七绝及关田次韵一首，论诗律则朱较胜，陈作仍有平仄不调处，然可谓善颂善祷矣。关田于诗，想亦下过功夫。至于朱孟①抄示合肥体育界某领导同志一首七律意境甚好，对仗亦工，在你我诸作之上。颈联尤佳，盖以马列术语入诗而雄浑妥贴，颇不易也。前月应人之请写了中东风云七律一首，今日有暇，亦写赠老弟。我写的东西，不值得裱装，此诗勿再裱装，亦节约物力人力之道也。

　　来信谓表侄辈喜读我旧作，闻之惭愧。当时大胆写出发表，一为时势所迫，一为稻粱谋，今日新书应读者甚多，例如"批孔批林"近来新书甚多，表侄辈似应先急于此，彼陈年冷饭，暂可置之。旧作前所印者，零落不全，暇时当找一找，有得即当寄奉。艳阳天电视片即据话剧本，我在元月初已在政协看过话剧，如与原作小说比较，鄙意以为差些。小说改编话剧大是不易，今此之作，亦未可厚非也。批孔批林，你馆想已展开。如我等望八之老人但看文件，免其开会。请便中代向炼虹同志致意，晓华同志亦请致意。

　　匆此并颂俪福。

表兄雁冰　二月十四日(1974)

---

　　①　朱孟，应作朱陈。

瑜清表弟：

五日来函敬悉。

楼适夷健在，闻讯甚慰。抗日战争时，我编《文艺阵地》在香港，后来我赴新疆，由他接手，那时他似乎在上海。不久，这个刊物也就出不下去了。

为刘写字，不怪老弟；"批林批孔"运动中揭露许多人，其中颇多出人意外[料]者。但此事亦可作为教训，即受人托求写字，虽小事亦以不多拉扯为宜也。

京中渐暖，但去冬少雪，今春又缺雨，于庄稼不利。匆此并颂合家康乐。

雁冰　五月九日（1974）

瑜清表弟：

八月一日信并抄示本草纲目空青条内容，甚感谢。今日接川友来信，谓空青石出四川彭县，四川医学院附属医院有经过加工的，川友已为代购一斤半寄来，足够用一个半月，用完后保证再供应；因此，问题已解决，老弟不必再费心打听了。

从来书知三表姊有一男而可能在抗战时牺牲，不胜哀感。三表姊出嫁前，我约十三四岁时，每逢暑假，粟香舅父常请家慈带我兄弟到你家过夏，兼与令兄温习功课。暇时三表姊常找我教她识字写字，并抱怨家中虽请有家庭教师而舅父不让她读书；俞壻非读书人，三表姊在得讯已订婚时曾对家慈表示不称心。盖亦时代潮流下之有志者而不得伸其素怀者也。

剪报附还，请转交。

不多写了，盼常赐教。此颂
全家安康。

表兄雁冰　八月五日(1974)

瑜清表弟：

　　二日来函敬悉。

　　服食中药(有空青石者)已一月，目疾如故，最近因感冒，停服且半月。中药奏效极慢，而治老年性目疾尤甚，我亦不存奢望。

　　朱陈抄给您的论空青①的摘录，便中望寄下一读。吴朗西兄来京时曾到舍下，已经三十年不见了，他还是当年丰采，而我则步履蹒跚，两眼昏花，不胜感慨。

　　匆此即颂

合家健康。

表兄雁冰　十月八日(1974)

---

　　① 指《论空青》一文。

瑜清表弟：

　　十月十二日信及附件均悉。为了无事忙，迟复为歉。朱陈同志两首词都好。本来打算次韵玉楼春作答，但找不到新颖的句子，暂时作罢。近因要迁居，整理书籍，觉得忙了。新居地址离今居不远，现正在修理，估计下月中旬可以搬去。那时当将通讯址奉上，然如寄现址，仍可转到。

　　目疾不见恶化，也不见好转。川医方子仍在服，计已服四十多剂了。有一个小小的副作用，即胃口不好。因石决明等药都是性寒的，于胃不利，虽有鸡内金以调整，只能使大便不秘结而已。现抄付①本奉上，不必寄还。

　　朱陈给您的信及满江红词稿附还。请代向朱陈同志致意为盼。

　　匆此即颂

健康！

沈雁冰　十月廿九日(1974)

---

　　① 付，应作副。

瑜清表弟：

本月六日来信及附信均悉。

日前统战部组织一些人集体参观京内外公社、工厂、学校（共二百多人），我也去了两个地方，但因此又伤风了，尤其糟的是腿软、手抖，写字不便，故此信只能尽量短了。

请你转告陈晓华同志，他要我写字的事，现在办不到，日后当有以报命。

朱陈信附还。他论诗、词、曲的话，是有道理的；但我今日不能详谈，因为手抖得厉害，不能多写字。

你要我的旧作，一时不能满足你的希望。因为下个月要搬家，书籍装了纸箱，弄乱了。

匆复，顺颂

健康。

雁冰　十一月十八日（1974）

瑜清表弟：

久不接来信，想近况清佳。现有友人徐重庆①（湖州，人民公园内，吴兴县电影宣传站革委会）拟得我旧作《徐志摩论》；记得此文曾刊载于小说月报②不知浙馆有此旧杂志否？如有，乞检出拜托抄一付③本径寄徐君，至为感谢。我近已迁居"大跃进路，七条胡同，十三号"，房为四合院，两进，不必上下楼梯，对于我的哮喘病，或有好处。新搬过来，书籍什物，堆满室内外，总须有十来日方能整理布置就绪也。匆此并颂

健康！

雁冰　十二月二十日（1974）

---

① 徐重庆，浙江湖州人，文化学者。

② 指刊物《小说月报》，1921 年至 1922 年曾由茅盾主编。

③ 付，应作副。

瑜清表弟：

廿二日手书敬悉。徐重庆不知是否徐志摩后人，但看来不是；徐重庆之所以要得拙文徐志摩论[1]是因为他在收集三十年代诗人作品及其评论，为编《中国新诗发展史》作长编也。杭馆可代人复制事，已告徐，他大概会烦劳您居间的。他已在湖州笔店定制毛笔两枝奉送老弟，以为酬报；此是他一片真诚，望老弟勿却也。

朱陈代我乞查老开方，甚感。磁朱丸及石斛夜光丸皆为成药，服用方便；但周建老[2]（他在[一九]六六年患目疾，与我今所患者同，今已弄到五尺外仅辨人形，而绝对不能看书——即使是大字——作字）告我：他曾服用此两药至一二年之久，无补于事，盖人到七十以后，机能退化，是一般规律，而或者目机能退化快，或者耳机能退化快（例如周耳极好，我亦然），则各有其特殊原因，而既经退化，人力尚无法挽回使其返老还童，只能使其退化的速度放慢，所谓苟延残喘而已，而苟延之法端在少用此官能，于目，则大忌仍然多用目力。我想，这是合乎科学规律的。川医之方，虽有治目之药（不光是空青石），而亦有强健身体之药如三七粉（用量多），此与西医要我长服 B_1、C、B_2 及注射 ATP，同样为健身着想，盖身体强健则各部机能之退化必能延缓，而所谓长寿之道亦在其中矣。

以上云云，请勿告朱陈，只说我甚感谢他，查老开示之药，当试服之。人家热心为我求医，为我开方，我理当感谢，而于情于势又不能服用其药，则只好瞒过他们，以免引起不愉快也。老弟想能理解。我现在连川医的汤药也不服用了，因为普通一二味药（如石决

---

①　指《徐志摩论》一文。

②　周建老，即周建人，鲁迅三弟，浙江绍兴人。

明、木瓜)竟然经常缺货。

朱陈给您的信附还。

近来学习较忙，因人大刚开过，无力旁骛；陈晓华同志意欲"引玉"，暂时尚无法应之，附笺请转致为荷。

钱诗"五合"句，朱陈查到了"五合"的出处，则此句似乎可解，盖孙过庭论作书之五合（五种情况的结合），正合钱所谓"寻诗争似诗寻我"及结句之"偶然欲作最能工"也。"巫峡""灞桥"两句用事甚切，但"药通得处宜三上"似乎用了僻典，我尚不能解，又目疾不敢多看书，亦无暇查考，老弟知其出处否？至于"酒熟钩来复一中"，想来用三国志·魏书·徐邈传"时一中之"的故事。全句似谓清酒微醺，诗兴亦来。不知是否？

悉侄辈均将集于杭州，老弟春节当有一番热闹，预祝合府快乐。

匆此并颂

健康！

表兄沈雁冰　元月廿七日(1975)

附件如文，请转。

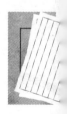

瑜清表弟：

　　三月廿五日信读悉。沈本老五古及其他诸作都见功力，惜少时代气氛。五古中用事（罗隐、梁灏、王勃、霍光）似亦不称，因为时代不同了。徐翼存①五古稍嫌萧瑟。又，沈诗因曹靖陶三字而以曹子建（陈思）、林和靖、陶元亮（渊明）三古人又是诗人相拟，虽觉巧妙，其实勉强。徐诗"独醒唤众醉，戛戛闻天声"一联则尤有语病。大约此辈老先生积习难忘，摇笔即来，虽不必深求，亦不足赞也。

　　以上只为老弟言之，望勿外传，免得无端得罪了人。

　　夏承焘②赠胡宛春③教授七绝及诸答和，以夏诗为胜，因结句"起看吴山月色新"，虽写景亦寓意也。老弟以为何如？夏，词人，素识，不知胡教授为何许人。

　　西医吴一之④乞画梅之七律饶有风趣，首句切沈字尤妙。此为业余诗人，偶然有作，反多佳句。

　　近因检查身体，曾住院多日，据云尚无大病，惟各器官皆衰朽，恐报废之日不久耳。目疾依然。不能多看书、写字。

　　匆此即颂工作胜利，身体健康。

　　抄件附还。

表兄雁冰　四月十一日（1975）

---

　　① 徐翼存，又名声懿，字翼存，晚号持半偈庐老人，安徽合肥人，近现代知名女诗人。

　　② 夏承焘，字瞿禅，别号瞿髯，浙江温州人，著名词学家。

　　③ 胡宛春，原名胡士莹，字宛春，室名霜红簃，浙江平湖人，大学教授。从事古代文学史教学和小说、戏曲、通俗文学的整理研究。

　　④ 吴一之，名祥骥，嘉兴人，医生，是陈瑜清晚年的好友。

瑜清表弟：

廿八日信敬悉。《秋瑾女侠遗集》，居然杭州有之，不出我所料。然而也出我意外，即内容比我在民国初年所见者丰富得多。现在请您询问复制费多少，我决定复制一份（罗教授是不要那样多的资料的，而且他教的中国古代史，他问秋瑾是"玩票性质"，意在写几首诗），以备家藏。

我的作品只留下一份，徐君之请，恕不能应命。其实，当初出版时，出版社送每份十册，当即分赠友好——也是送他的作品给我的，也只留一份而已。匆此即颂

健康！

表兄雁冰　五月卅一日（1975）

瑜清表弟：

六月四日及十日信，又《秋瑾遗集》全部照像复制均收悉。秋集得顺利迅速复制，皆老弟之力，感谢感谢。兹另汇上复制费二十元，乞收。复制费如此价廉，真出意外；又承杭馆同志赶制，请代为敬致谢忱。

四日信抄示王芝九同志对我题沈画四绝句之评价，无乃溢美，感惭感惭。芝九同志新诗甚佳，钦佩。吴中谓他的诗多创新，独树一帜，洵确评也。我于旧诗词，浅尝而已，实皆率尔命笔，抒一时之感兴。生平务杂，阅览虽广，而都不深入。老而一无所专，徒呼负负而已。为我致意芝九同志。匆此即颂

健康！

表兄雁冰　六月十六日（1975）

瑜清表弟：

　　廿一日函悉。复制余款，为表侄孙女辈买点糖果可矣，何必买茶叶寄来。我有茶叶，且家中仅我一人饮茶，千万不要麻烦买茶叶。我知杭州虽产茶，然市上供应紧张；反不如北京乃中外观瞻所系，各地方物反较当地为易得也。

　　陈晓华同志五律比先前的大有进步；他是聪慧过人的，此诗挥洒自如，寄托深远，不露圭角，读之有余味，甚佩。乞便中代致祝贺之忱。

　　目恙又添晶体混浊，常有黑点在空中飘游，视物作字，增加不便。不多写了。

　　顺颂工作胜利，合府康泰！

表兄雁冰　六月廿四日(1975)

瑜清表弟：

前接六月廿一信，即于六月廿四日函复，请不要将复制秋瑾女侠遗著的余款买茶叶寄来，而作为我给表侄孙、儿女辈买糖果之用。不料今日接邮局通知，您仍然寄了茶叶来，这反使您化^①费了。无可奈何，只好收下，特此函谢。

我近因连验三次大便，都有潜血，已定后日 X 光检查肠胃，同时全身检查。估计将跑医院数次。想来没有大病症。请释念。

匆此即颂

健康！

表兄雁冰　七月一日(1975)

① 应作花。

瑜清表弟：

三日函及叶桔泉编《食物中药与便方》均早收到，因检查身体及镶牙，未及即复为歉。检查身体，各种慢性病幸无恶化，惟肺气肿有所加剧，近来动作稍急，即气喘心跳，得二三分钟始复常态。叶编当于暇时披阅，儿辈对此书甚感兴趣，抢先阅读，一个月后当邮还。又承惠浙馆编印之《红楼梦诗词注释》，则见者均甚爱之，以其非卖品，竞嘱设法，不知老弟能再惠三四册，以供同好否？盼能如愿。我于诗词，浅尝而已。吴战垒同志不耻下问，惭感奚似？鄙见以为满江红秋兴①以高亢胜，而贺新郎赠陈鸣树②则以宛约见长；足征吴郎才调正自不拘一格也。乞为转致，聊博一粲。

京中日前有中雨至大雨，近郊干旱解除。雨后稍凉，昨又闷热。但比之杭州，自然好些；夜间室内气温，以我之卧室言，因屋顶高，常时在廿七八度左右。匆此即颂

暑祺！

表兄沈雁冰　八月十日（1975）

吴研因住院剥治白内障，经过良好；但发见结肠癌，因又开刀，不料年老，创口久久不能愈合。迁延月余又引起肺炎，终于不起。王芝九悼诗如老弟已得，乞抄示为荷！又及。

---

① 指《满江红·秋兴》一词。

② 指《贺新郎·赠陈鸣树》一词。

瑜清表弟：

　　八月十三日信及书十册收到。既然您能代我再买一些，就请再买十册。兹汇上拾五元，作为两次书价邮费等。此书甚为读红楼梦者所爱，因为使他们对于红楼梦的诗、词有深刻的了解，亦即对全书意义有更深刻的了解也。年来搜集研究红楼梦种各论者辑为专书者甚多，惜内容大同小异，你们的这本书却别出心裁，此所以人人爱读也。

　　关于徐霞客的那两句，我也没有考据过。甚至对于徐的游记，我从前只翻过一遍，未尝精读，所以没有发言权。但王芝九之考证（从游记本身证明徐游黄山在前，游诸岳在后而疑那两句的逻辑性），是极有说服力的。如果不能在徐自己的著作中查得此两句乃徐语之确证，则王说当可成立也。尊见以为如何？

　　随函附上王信、登山颂及吴战垒信，并请检收。

　　匆此即颂

健康！

表兄雁冰　八月十八日(1975)

瑜清表弟：

接八月二十日信（内附吴战垒同志信），又接红楼梦旧诗词注释①十本，均悉。现在回答您的问题：（一）关于曹雪芹——纪念曹雪芹逝世二百周年②一文原发表于文艺报③一九六三年十二期。（二）东方曦是孔另境④的笔名，他用这笔名写过几篇杂文。

我因近来气喘加剧，明日即住院检查；已拍过肺部照片，云有部分毛病（忘记其名），故要住院仔细检查（但愿不是肺癌）。大概不会住得太久。吴同志信今日无暇作答，俟出院后再作答罢。请老弟转告为荷！匆此即颂

日祺！

表兄沈雁冰 八月廿四日(1975)

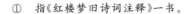

① 指《红楼梦旧诗词注释》一书。

② 指《纪念曹雪芹逝世二百周年》一文。

③ 指刊物《文艺报》。

④ 孔另境，浙江桐乡乌镇人，文史学家，出版家。系茅盾夫人孔德沚胞弟。

瑜清表弟：

十一月二日信早悉。因近来检查大便潜血及白血球太高，去医院时多，未能抽空作复，甚歉。

关于你退休后申请毛英进馆一事，据惠英^①来电话，你因上面没有批下来，相当着急。我问过一些朋友，他们说，在工厂，是有这个规定的，但在机关，却又不同，恐怕浙馆领导未便做主，要请示上级。不知此事今竟如何？如果不准，那也没有办法。

我收到一个不相识的人的来信，说他看到了前年我代你和陈晓华写了一首一剪梅（作为你们对朱、刘结婚的贺礼），认为内容不健康，而且裱了给人传观，尤其不妥云云。写信的人是好意，我接受他的意见，并自怪当时不慎重，写了那样一首开玩笑的打油词。往事已矣，现在想请你转告他们：不要把这个东西再给人看了！千万拜托。

因为手指僵木，作字困难，此信不多写了。孔家舅母已回上海快一个月了。附闻。匆复即颂健康！

沈雁冰　十二月一日（1975）

---

① 惠英，即慧英。

瑜清表弟：

　　前后两信及附来陈、刘、朱三同志的信，朱同志的《论颜真卿书体形成的历史原因》打印稿均悉。

　　首先，我为毛英①事已定局对你表示祝贺。一剪梅贺词引起人家的批评，事已过去，陈晓华同志及刘、朱二同志特来函对我道歉，反倒使我不安。来信批评的人是在杭州工作的，而且好像认识朱同志；他一面批评我，一面又要求我不要把他的姓名告诉你们，以免影响"团结"云云。我对此人素昧平生，不知其底细，但对于批评，无论出于何人，是否完全中肯，理应听取，所以写了信给你请转告朱、刘二同志。现在我仍然守信用，不把他的姓名告诉你们，也请转告朱、刘二同志，不必猜度此人是谁。付之一笑可也。

　　朱关田同志的论文读过得益良多，这不是客气话；我于书法素无研究，字亦没有写好。从前（青年时期），既无名人指授，只凭自己所好瞎摸，中年后忙于世事，无暇及此，今垂垂老矣，目力、腕力都日益衰竭。关田同志青年有为，祝愿他于书法的理论和实践方面，做出更大的成就。

　　京中日来气温甚低，白天最高零度左右，但无雪。我怕伤风，不出门，慢性支气管炎尚没有发作，但愿如此平安过了此冬。匆匆，即颂

冬安！

表兄雁冰　十二月十一日（1975）

────────────────

　　①　毛英，即陈毛英。陈瑜清的小儿子。

瑜清表弟：

　　一月十二日来信及陈晓华同志悼周总理诗均悉。总理追悼会前一周的期间，京中工厂、机关、学校等，差不多人人都戴黑纱、白花；天安门广场上人民英雄纪念碑前，群众自动送来的花圈总有数千——这都是不能送进劳动人民文化宫的。四川、上海友人来函也说如此。不知杭州如何？陈晓华的悼诗是好的。京中友人写的也不少，但闻上面决定，一律不登。

　　我近来还算不坏——没有住院；但气短，精神倦怠，依然如故，看来体气不如去年上半年，更不用说前年、大前年了。手抖加甚，目疾依然，走路不但要用拐棍，还要人扶。不能用脑，用脑稍久，体温立即超过卅七度，白血球偏高。这些，医生也说不出道理。现服中药，不过是拖得一天算一天而已。

　　匆此即颂

健康！

表兄雁冰　二月十日（1976）

瑜清表弟：

十月七日来信及照片均悉，复迟为歉。或人所作《千秋岁》悼词，太简略了。赵朴初写了《永难忘》曲三首，据我所见，都在诸作之上。此曲长，没法抄给您，可能在《诗刊》上发表。旧居拆建即将竣工，下月初或可迁回。新建工料如何，我是外行，不得而知；但看图纸则是认真的，据云可防七八级强震。一般民房震坏修补，或者像王芝九所说不大保险。

一九三五年鲁迅曾应邀看《夏伯阳》影片，许广平回忆中忘记了年、月、日，而徐重庆据鲁迅日记推断为六月十六日，我手边没有鲁迅日记，不能决定其是否。徐写完后还想寄给我看，我以为不必。因为目力差，不能看书为他查核，且年近精神委顿，畏近笔墨也。此间新成立之鲁迅研究组，从各处调来专家，研究范围很广。徐同志可将该稿寄给他们看。地址为鲁迅博物馆转鲁迅研究组。

日文版《人民中国》十月号此间已不可得。至于北京汽车厂工人理论组同外国文学研究所合编之鲁迅与翻译外国文学油印四册，他们拿来给我看过。容写信给他们，请他们寄一份给你。如果他们还有，我想他们肯寄一份的。

杭州近复如何？您家里都好么？

匆匆即颂

健康！

沈雁冰　十月十六日（1976）

120

瑜清表弟：

信及照片都收到了。西湖苏小墓对联下联是"风月其人可铸金"，非"花月"，来信误。我欣赏此联因其简赅，胜于其他长联。尤其是下联，点出苏小身份及其可贵处。铸金用勾践铸范蠡金像说。我当时不知孙①为杭大教授，我是应杭大校长林淡秋之约，去讲了一次，乱谈而已。

赵朴初的《永难忘》，迟日当抄给你。因为我自己目疾，不耐多作字，而家中人又太忙也。匆此即颂
健康！

雁冰　十二月三日(1976)

地震似乎说得如何如何而已。

---

① 指孙席珍，浙江绍兴人，时为杭州大学教授。

瑜清表弟：

三月一日信早到。气喘若是病，可以医治；但如赛跑者到终点后不免气喘，如青年快步跑一段后不免气喘，皆非病也，不能治亦不必治。青年快步跑一段始气喘，八十老翁则急走十数步亦要气喘，此亦非病也。气喘病者躺在床上也要气喘，坐着也要气喘，此则是病，不可不治。老弟以为我的气喘就是那些躺、坐、说话都要气喘的病，其实不是。承关注，介绍治疗之法，甚感，然而我看不必去自讨烦恼。附寄之长寿记录，请老弟不欲太认真。人之长寿与否，有各种客观主观原因，具体人与事不同，寿夭各别。以我之经验则绝嗜欲，乐观，不自讨烦恼，亦长寿之一道也。我一生碰到事变不少，但从不着急，一般人所谓"急得睡不着"，我从未有过。只是青年时代埋头写作，少运动，得了失眠病，至今离不开安眠药，但此亦非病也。徐重庆近有信来，问有关鲁迅的两件事。可是我都记不起来了。想来老弟与他常通信，便中请为转达。我贪省事，不为此专给他回信了。月来为咳嗽所困，近始渐痊。

匆此，即颂

健康！

表兄雁冰　三月廿日(1977)

瑜清表弟：

　　九月廿三日信敬悉。浙江文艺索稿，我实在为难，无法应之。北京有那么多刊物，也都来索稿，我亦无法应之。老了，精神不好，又不长进，写不出东西来。有些刊物，来信来人，穷于应付。近日写信也不行，精神恍惚，常常写错字。真所谓一年不如一年也。误译咸肉庄者乃日文本《子夜》。译者不知此为秘密卖淫所（又有别于私门子，此乃专为妖姬荡妇开方便之门。她们并不完全意在缠头，意在泄欲，她们身体是"自由"的，即庄主召她们时，可以不来，来了而不喜男方，可不陪宿。她们是瞒着家里人这样干的，春风一度，男方不知其真姓名与身世，女也不肯说。这怕是上海特有的秘密的性交易所，女的并不常住庄上，有男人来，庄主始去召，庄也保密，外表似住家，无熟人介绍，虽得其门亦不能入也）。恐怕外国未必有那样的东西，译外文要正确，是困难的。日文本注曰肉类加工之店，显然错得可笑。北京连日来甚冷，夜间最低二度。支气管炎又发了。看见你们健康的人，不胜羡慕。

　　匆此即颂

健康！

雁冰　十月十日（1977）

　　《李自成》早脱销。明年可再版。第一卷闻日内可出，当试为弄一部，但不肯定。李自成第一卷，"文革"前出版，此次为修改之新版，故反在二卷之后。

瑜清表弟：

十一月五日示悉。今始得暇作复。您托买《李自成》，现开附介绍信一封，请连书款、寄费等直接寄北京，中国青年出版社张葆莘同志。现在只有新版第一卷，限买一部；第二卷新版未出，初版早脱销；您如也要预定第二卷，可寄第一、第二两卷之书价及邮资，大概他会给您以方便的。

姚雪垠尚未到七十岁，身体甚好。大概能完成此一巨著也。给他秘书，实为二名，是湖北省委（或武汉市委）给的名额，姚自己找人，现已找到。第三卷大概已成初稿，所谓提纲五万字大概是误传。

匆此即颂

健康！

沈雁冰　十一月十二日（1977）

附件如文。

瑜清表弟：

　　来信及译稿均悉。苏联小说（除早期如铁流、毁灭等）仍是"禁区"。孤儿一稿无处发表，我劝你还是译巴尔扎克或其他欧、美古典著作。至于您已有法原本之巴尔扎克小说而想得日译本作参考，我们正在代你找日译本，如有，即可寄上。附致河清兄信，请转。

　　匆此，即颂

健康！

表兄沈雁冰　十一月廿一日(1977)

瑜清表弟：

上年十一月十八日来函，至今始复，甚为抱歉。原因是此后开会多，中宣部召集文艺界、出版编辑工作者、社会科学工作者开了几天会，我到了两次，疲劳得很，除要信不得不复，此外只好搁起来。沈本千先生赠您的山水立轴所题画堂春词，没有什么新意境，且仅读其词，只知为祝七十老人之作，而看不出此人为何朝何代之人，更说不上有何上进的思想了。吴战垒何许人？好像老弟几年前曾抄示他的诗。老黄何人？亦不知。介绍您买李自成的张葆莘不是青年出版社中人，他是姚雪垠的助手，与青年出版社有联系。一、二卷想已买到？三卷定于明年出版，四、五卷出版怕要在八十年代了。三卷初稿已成，四、五卷连初稿也没有。姚近来也忙于杂事。

颂健康！

雁冰　一月十九日（1978）

瑜清表弟：

　　五月九日手书并沈本老惠赐画扇，领收谢谢。另笺请代转沈本老为荷。开会时，很疲劳，现在还没恢复过来。此信只能略谈。烽英事已解决，甚慰。桐乡县委某及文化局某去年因公来京，曾到敝寓，谓旧居（即我为母亲修的四间平房，在观前街祖居后进）占住者已迁出，并加修缮，略存原样。

　　老弟想到乌镇看看，是否即此旧居？敝堂弟所谓唐姓，不知何人？杭州到乌镇交通如何？如不能当天来往，在乌镇恐无下榻之地。

　　匆此即颂

健康！

雁冰　五月十六日（1978）

瑜清表弟：

十五日信悉。衣、食、住①浙江图书馆也无初版，与南京图书馆所藏者相同。但南图所藏，只有食的第七版注明原作者姓名，则与浙图所有者又不同了。我买到的三本，全是第六版，则都无原著者姓名，只写沈德鸿编纂（可是英文又写 Y. P. SHEN，则又是沈雁冰了，真怪）。当初（即译此三书时）我是用沈德鸿。又同是第六版，为什么浙图所藏者前二册即衣、食皆著录原作者姓名而第三册独无，此亦不可解。在大英百科全书查不到卡本脱，这很自然，因为卡只是个通俗读物的作者，他的书，虽一时畅销，过后便无人提到了。日本人因孙毓修连类而提到卡，也很自然。

又，第六版的《衣》有孙毓修的序，明明说是我们翻译了卡的书，不知为什么版权页上却没有卡的名字了。此序注明是一九一七年夏五月作，即在中国寓言初编②孙序前数月，而中国寓言之编成在衣、食、住译完后半年。孙写衣、食、住第一册的序盖在书排出后，故仅早于中国寓言之序数月也。

我的笔名很多，小曼等将抄一份给您。我的作品的外文译本，只有外文出版社出的英文本、法文本各一册。其他则有俄、德（东德）、捷克、越南文等，皆新中国成立后所译，但皆为短篇，仅俄文则译了《子夜》及其他，三卷集。《汉译西洋文学名著》及《世界文学名著讲话》，前者新近买得，后者有开明版，也只一册。但上海旧书店

① 指《衣·食·住》，美国作者卡本脱撰写的科普读物，是署名沈德鸿（茅盾）最早翻译的科普作品。

② 指《中国寓言初编》一书，署名沈德鸿编纂。

听说还可弄到后者，如果弄到，可以分一册与您。

匆复即颂

健康！

表兄雁冰　九月廿二日(1978)

六、茅盾致内弟孔另境、内弟媳金韵琴的信(41 封)

【编者的话】

孔另境（1904—1972），原名令俊，字若君，浙江桐乡乌镇人，现代文史专家，出版家。茅盾夫人孔德沚的胞弟。

1938年4月，茅盾在广州编辑《文艺阵地》。不久，广州遭到日军轰炸，出于安全和质量考虑，茅盾将《文艺阵地》的编辑工作转移到香港，排版、校对、印刷等工作则交由在上海的内弟孔另境秘密进行。本书收录的茅盾给孔另境的书信，即写于茅盾20世纪30年代主编《文艺阵地》时期。

茅盾为人十分谦和、宽容，但对待编辑工作却是一丝不苟，容不得半点马虎。从茅盾致孔另境信中，既可以看到在当时残酷环境下，茅盾编辑《文艺阵地》的艰难，又可看到茅盾把自己丰富的编辑经验毫无保留传授给内弟的热情。同时，还担心孔另境的安全，在信中再三叮嘱他要注意细节，避免暴露身份。"我觉得你不可以让印刷店将校稿直送到你学校里；应由书店从中一转，更觉妥当。因为不能不谨慎些。"茅盾对内弟孔另境的关心和关爱，洋溢在每封家书的字里行间。

孔另境去世后，留下妻子金韵琴与七个子女，生活十分艰难。茅盾常与金韵琴通信询问其家中状况，时不时提供经济、衣物等各方面的援助。茅盾致金韵琴的信，均写于20世纪70年代，这些信表面看像是家长里短的"聊天"，实际上却是对内弟家人帮助、呵护的真情体现。

若君①：

　　刊物事不知已来接洽过否？你能不能抽出工夫来校对？如果你忙，则四、五两期只好请你拨忙照顾一下。六期起，我另行设法。现附上四期用之《编后记》一张。匆匆不及多言，容后续详。

　　即颂

日祺！

玄②　六月廿三日（1938）

　　来信请寄九龙太子道一九六号四楼。

---

　　① 若君，是孔另境的字。孔另境当时在上海接应茅盾由香港送来的《文艺阵地》稿件编辑并负责交付排印出版。

　　② 玄，为茅盾的笔名之一。

若君：

接连两信都收到。四期《编后记》已于四、五日前奉上，不知收到了否？（如未收到，即来信。）五期的，兹附上。

五期稿照我计算，是不会多出的——至多多出一二页而已。但也许我把其中一二不用原稿纸写的文章算少了字数。倘若多出太多，则照你的办法，抽去关于报告文学那篇译论，移登六期；否则可抽去梁山所作之长诗。

补白材料，一时没有；请斟酌将占半面或三分之一面的文章尾巴移登后面空白（即用"下接××面"之法），或者补广告。总之有一原则：凡一文排了几个整面以后多出十余行乃至四十余行者，都可将此零数移登到后面的任何空白处。

你现在大概已会到陈锡麟了，他可以告诉你我信上未详的种种。

我觉得你不可以让印刷店将校稿直送到你学校里；应由书店从中一转，更觉妥当。因为不能不谨慎些。你担任这事，大概还要费车钱，费邮票，所以每期我补偿你十五元的花费。此款由书店在上海付给你。至于就地倘有投稿，可交给书店设法带来，千万不要邮寄。

每期排好后，请先寄一份清样来，——剪去边框，分数次用平信寄，或交给书店中人托他们找便人带来。他们常会有便人的。

一、二期本刊与六期全稿当于三、四日后同时带上。

匆匆即颂

日祺！

明甫[①]　六月廿七日（1938）

_____

① 明甫，为茅盾的笔名之一。

若君：

　　寄上附四、五期编后记之二信，想均收到。上次忘记了说：适夷之散文及田间之诗，虽用作补白，但目录中不可标明为补白；散文应依其他各文编目例，于题目下注"散文"二字，诗则归入其他二诗编目之后。至于在目录中标明为"补白"者，大率为消息性质之极短的东西。

　　六期稿拟俟四期告竣来信后送上。即颂

日祺！

明甫　七月六日(1938)

　　目录倘已印就，不及改，则只可任之。

　　附一信请转寄。

若君：

一日来信收到。四期样本亦已到。

现带上六期全稿。目录、编后记，都在内了。下列各事，请注意：

一、补白材料，此间亦少，现附上一些，——散文及诗（齐同的与任钧的）。但此等虽作为"补白"用，目录上却不宜标明是补白。散文应在目录中占一题（下注"散文"二字，加括弧），诗则与其他之长诗目录同排一处。

二、目录各文次序皆为已定之各篇实在次序，故不可变动。此次六期目录已将假定须用之补白材料亦编进，以红笔为记，不用时在目录上除去。又此等作为补白用之散文或诗，目录上所列地位与实在排出地位不一样①，目录上为求好看，故有实排于后而提前在目录上者，亦有反之者；目录以我所附工者为准，下面页码则照排出后实在数目加注上去。

三、上期余稿，六期内必须带出。即使多出五六面，也不要紧。

四、上期所余倘为论文（或译论），则可插在作品之后，倘为诗，则不可与本期之诗挤在一处。盖目录编排原则为：论文与作品夹登（论文之同性质者则排在一处），而作品又诗与小说或散文夹登也。

五、附上"义阵广播"若干则，亦可为"补白"之用。但在目录上则归在"文阵广播"一题之下。

六、在目录上说明是补白者，只限于一二百字之消息之类（例如国外文化界消息），此项消息，倘沪报副刊上有之，则即剪用。此在一、二期《文阵》已有此例。

————————

① 原信有着重点，下同。

七、一个原则：空一皮[①]以下时用补白，无补白则填用广告，空二皮时，则设法将多出之一皮移在别处所空之地位，或拼入上面，行款挤紧。余后白。

即颂

日祺！

玄　七月八日(1938)

顷已看到四期样本，甚好。

尚有数事，记如下：

一、适夷散文及田间诗尚有余稿，想已用于五期。

二、"文阵广播"材料附上四则，用不完者，可留于下期；但本期倘能全用则最好，因有时间性也。

三、六期稿子倘有多出，不论是多两面四面或六面，决定扫数登出，务使不有存稿；盖此刊不患稿少，而患消化不良，以致失却好稿之时间性。六期拟将可用之积稿一清也。

四、《魔窟》因是剧本，故改为四皮排。七期尚有一半稿（指《魔窟》）。以后也还有四皮之别稿。但此项材料每期至多七八面而已。以后经常有剧本。

---

① 一皮，意即一栏。

俊兄①:

　　十三日来信收到。九日带上稿信后曾寄过二信，想可收到。长诗《膺惩》决定不用了。七期正在候便带上。港地觅事甚难，而生活费又甚高；汉口日益吃紧，本有事者，皆受影响，失业甚多，余地更不必论。汪馥泉、王鲁彦等七八人，皆失业甚窘。你若南来，生活很无把握。沪上所传汉口情形，想有不确定处，实则彼方殊难乐观，摩擦无时或已，与德兄有渊源者，非大名士，不大能立足。汉口倘若失陷，饭碗会打破不少；而汉口能有几多日子之支撑，几成疑问也。我在此间，亦为暂局。《立报》日在飘摇中，下月能否维持，实不可知；此间自上月起，已风传即将停办。现每月亏折五千，前途黯淡已极。下月已无钱可亏，非换主即停办耳。就此事馆方尚秘之，千万勿以告人。《文阵》亦是出一期算一期，书店经济状况亦甚危。广州自遭轰炸后，刊物也不能销。汉口在此吃紧之时，亦不能多守。其他各地邮运不通，故此后惟望能在南洋各埠推销，就此也不过希望，没有把握也。因此我们有回沪之意，下月中可以决定。

　　即颂

日祺！

玄　七月十六日(1938)

---

　　① 俊兄，即孔另境。孔另境原名孔令俊。

若君：

前数信想均收到。六期稿带去已有十一日，今尚未见你来信，甚为系念，想来是没有事吧？现再托人带上七期全稿，有数事记于下：

一、四幕剧《魔窟》现决定每期用一幕，分四期登完。排式不必定是卅二行一面，但每面分四皮则仍照旧。

二、此次寄上之七期稿，照我所算，只有卅一面，但四幕剧字数极难算得准确，故或者还不止卅二面。倘嫌过多，则《我们给一群恶魔围困》[①]一篇可以抽去。

三、我的理想，四幕剧每期登一幕，即可以此一幕之排式（即行列之加多若干）为伸缩余地。倘一幕之材料排每面每皮廿六而适好全期卅二面者，即排廿六行，否则，倘有多出，即可将该幕改为每皮廿八行或卅行。不知如此办有没有困难，请你酌办。

另一信交陈锡麟，请他付给你卅元。《文阵》每期编费是法币七十元，但因邮费太多，（香港邮费较国内为高，再加以法币一元仅换港币六角，故每月所费不赀）。只好每期补贴你十五元，此卅元作为四、五两期之补助费。

我编了四期《文阵》，反倒亏折了百余元，因为一者预支稿费的一位作家钱既到手，稿即不来，相隔数千里，信催也无效也。二者第一、二期赴广州付印，旅费花了一百多，想来可笑。

你前信说要离沪，我已有信告以此间找事无望。但若你决意要走，则《文阵》校对事当托别人（如果仍在上海印的活），或者仍拿回到广州印，此时广州已有上海迁来之"民光"开工，印刷亦尚看得过去了。

---

① 《我们给一群恶魔围困》，萧蔓若作。后发表于《文艺阵地》第一卷第十一期。

附一信与钱君匋①请代投邮。

即颂

日祺！

玄　七月二十日(1938)

---

① 钱君匋，浙江桐乡人，书籍装帧设计家、金石篆刻家、书法家，万叶书店创始人之一。

若君：

　　五日来信收到。四、五期原稿亦收到。投稿一篇《一次经历》①可用，排进八期。八期稿日内可就，觅便带出，因再附进此信。以后给我的信可照下列写法，用英文写较为妥当。余后白，

　　即颂

日祺！

玄　七月廿三日(1938)

Mr. George Sheng

3rd Floor，196 Prince Edward Rd，

Kowloon，HongKong

我来信照你新开址寄华华陈瑞熙收可也。

再者，阿桑要定阅上海出版之滑稽画报一种，款请暂垫。寄九龙弟寓收可也。请即定为荷。

预定全年特价国币贰元，邮费在内，请先预定半年。

---

①　《一次经历》，司徒宗作。刊于《文艺阵地》第一卷第八期。

若君：

二十一及二十五来信均到。兹带上八期全稿。七期因觅便人，编好后十天始能带去，现在想早已收到。七期是托平心带上的。在十期赶上法定出版期，或者可以办到；说"或者"，因为有时要等人，有时也要等稿。过去延期太久，大家以为不能出版了，稿子不来，故最近一个月内，有时不能不稍稍等一下。

《新申报》早收到。看过，无甚材料。上海倘有新出之刊物（除我在《文阵》中已介绍者），请寄些来，可为书评之用。

前附一信（在七期稿中），请你向陈锡麟处取洋叁拾元，不知已取到否？

给王任叔①信，附上。福弟②有闲，可写点居乡（乌镇）见闻来。

另一信与调孚③请便中送去。

我们如果回沪，一定先托人找住处。但近闻上海生活程度大大高涨，所以此间不能住下去时，或者仍往内地；即以广州言，生活程度也低得多了。此时殊不能决定，因为此间各事皆"若有所待"。《立报》尚在支撑，我因而不好意思半途走也。

匆匆即颂

日祺！

玄　八月一日（1938）

----

① 王任叔，浙江奉化人。

② 福弟，指孔令杰，小名阿福。孔另境胞弟。

③ 调孚，即徐调孚，原名徐名骥。浙江平湖人。当时任上海开明书店编辑。

一信请交二叔①。

王统照剪用《文阵》内文字，不必去质问他，因为反正《文阵》不在上海发卖也。

---

① 二叔，即茅盾二叔沈仲襄，时在上海某银行工作。

若君：

本月二日信收到。六期早已收到，料想明后天可以收到七期了。八期是本月二日托人带上，想来现在已印好了吧？所脱各期，正在极力赶；此次本拟将九、十两期同时寄上，但结果还是只能带上第九期，因十期尚有短稿未得。此刊自三期延脱后，隔一个半月方出了第四期，各方皆以为停刊了，稿子不寄来，而外来投稿亦没有来了，六期以后顿感稿荒。此所以不能二期一同带上。至于国内销路，与脱期的影响尚少（盖自四期以后，差不多每隔二星期便新出一期，所脱者是三、四那两期，故读者已不感什么），而与武汉紧急、人口疏散（即是读者走散）、广州迭遭轰炸、人口亦大减等等所关较大。不过华南一带销路大概可以增加。目前最困难者，有销路之处，如西北、四川，书不能去，——因运输不便，路上须在一个月以上，多至二月。

至于在上海发卖，我没有不赞成，一切请陈锡麟先生酌量办理。惟我有一意见，即生活①方面倘要在上海将此刊公开发卖，则所销可以更多，而公开发卖之法则将上海版单独编制，即将实在不能在上海通过之文字抽出而补进可以通过的。惟此事须与生活总店编辑部从长计议，现在还谈不到。现在则将《文阵》在上海秘密发卖些，也是一法。一切请陈锡麟酌办可也。

上次我附一字条与陈锡麟，请他付你卅元（作为四、五两期之校对报酬），后知你已取十五元，想因尚未得我那封信的时候去取的。

---

① 生活，指生活书店。

现在我再附一信与陈，请他在每期上印时就付你十五元，以省手续。余后详。

即颂

日祺！

玄　八月十六日(1938)

纪念鲁迅之文，除已带去专信外，请你隔一星期便催他们一次。稿于下月二十号以前付邮，直寄香港生活书店转，可以挂号寄。约撰稿者为王任叔、许广平等。

若君：

八月十一日信收到，前一信亦收到。英文地址很好，都收到。

兹将答复各项列下：

一、《我们被一群恶魔围困》并不怎样好，但因短文甚少，我所以打算用；现此文可存在你处，将来再用。碰到短少页数太多时再用。

二、我写的长篇①尚未登完，且未写完，随写随登。此书何时可登完，自己也没预算，大概还有一二月。因为每天所登极少。完后，由《立报》出单行本，作为长期阅户的赠品；此为说好了的办法，除非《立报》中途发生变化，我不能不遵行。你们的出版事业如果当真实现，我可以把一些论文集起来给你们。再者，还可以介绍新作家的集子（未发表者），这些作品其实是不坏的。加一篇序介绍一下，不会没有销路。

三、本刊二卷封面应当换过，但此间无人画封面，请在沪（与陈锡麟商量后）托人画一张；倘此间找人画得可用者亦当送上。你们画好后不必再给我看。至于封面设计，以朴质大方为宜；最好能如现在所用者，以一画（不要图案画）为底，再加印刊物名。

附信请转交。

即颂

日祺！

玄　八月二十日（1938）

九号稿想早收到，七期书未见来，想明后日可到。

---

①　指小说《你往哪里跑》。1938年4月开始在香港《立报》连载，后改名为《第一阶段的故事》。

若君：

十六日信收到。以前二信皆收到。今附上十期全稿，此期恰好卅二面。一切均在稿上批明，没有别的话。萧蔓若之短稿《被恶魔围困》因甚短，故拟用。文章不能篇篇都十全十美，只要有一点可取，即便应用；盖若提高水准，则无一合格了。国内各刊物大都如此，《文阵》亦只好如此。

三期《文阵》，今亦托带上一本。

催催他们写鲁迅逝世纪念的文章。

又，倘若仿《四月的香港》[①]之形式，写一篇《八月的上海》是很有意义的，你可试写一篇，材料不妨多，我可以改削，并且须将"地下工作者"的活动也写进去。（《四月的香港》不写这一面是一大缺点也。）

余后详。

即颂

日祺！

玄　八月廿四日(1938)

《申报》仍为原班人马，吴景崧本为编副刊而来此间，现此间《申报》不出副刊，则上海尚要他回去吧。《申报》当局亦早已不在此间了。

---

① 《四月的香港》，李育中作，发表于《文艺阵地》第一卷第四期。

若君:

　　廿五来信收到。廿六开明①范先生等来沪，托带十期，想早收到。十一期今附上。此次大约卅一面，或卅面，就是这样吧，不再增足了。七、八两期目录的字太小了，此次我注明为三号与四号，但仿宋体有没有三、四号，我不大明白，请你酌一定。总之以大些为原则。

　　十二期约在一周后可以带出。此次也是候便人，所以不定是何时带出。原以为明日有人，但结果（刚打了电话知道）此人延期了，只好另外找便人。

　　你的住所问题，我附一信与陈先生，请他帮忙，看有没有效力。周先生纪念文仍盼时时去催。

　　剩下之萧蔓若一稿，倘十一期连卅面都不够，则可以排进，否则，不必。总之有卅面也就够了。

　　关于封面，已见给陈信中，但在九月十日以前当再有信给你。

　　即颂

日祺！

玄　八月卅一日（1938）

---

①　开明，指开明书店。

若君：

附上十二期全稿。下列数事，是要和你接洽的：

一、此期照我计算，刚好卅二面，各文皆当排出。

二、下期（二卷一期）封面，我这里如果弄好了，则当与下期全稿一同带上；倘到那时我这里弄不到，则我一定附一设计，请你在上海找钱君匋兄一绘。或者托王任叔找另一人绘，因为君匋的封面画似乎也不大出色也。

三、下期插画将全用纪念鲁迅先生的。我这里没有材料，请兄到许先生①处借：1. 遗像，2. 遗物的摄影，3. 逝世周年纪念（出丧时）摄影，4. 手迹——包括他亲手写的诗（作为屏联等等的），日记一二页（此为必要的），题词，及封面题字等等。5. 许先生与海婴近影。以上 1. 2. 3. 5 配合成为两面，而 4 则也配合成为两面。我要求书店多加二面插图。前者插于卷首，后者插于卷中间——纪念文字之群中。

材料请你选定，配排形式也请决定。

即颂

日祺！

玄　九月四日（1938）

附一信与任叔，请代即转去。

———————

① 许先生，指许广平。

若君：

　　听说将有《上海之一日》出版，望于出版后立即买一册寄来。

　　再者，前寄上之"补白材料"，尚有多种未见排出，其中有高×
之《山城小集》，此种"补白"于最近期内尽速排出，至要，至要。

玄　九月七日（1938）

若君：

　　二日信收到。十二期此间是二日带上，想早收到。十四日有便人，拟即托带二卷一期。因此，关于周先生纪念文，若此信到时业已寄来，则不必再论；否则，请不必再寄来，即由你排进二卷一期中——地位我预留。因为倘若错过十四日这一便人，恐将隔好久方能再有，二卷一期仍将延脱矣。

　　望你接到此信时即打电话询问各作者有否将稿寄出，如尚未寄，即截留在你处，俾与十四日带上者合在一处。倘已寄出而有底稿留存者，望即向各人取底稿。倘连底稿都没有，则只好候我接到后再用最快方法寄回给你了。

　　即颂

日祺！

玄　九月七日夜（1938）

若君：

二号及七号信都已收到。答复各事如下：

一、我尚未有与钱君匋托绘封面，我曾有信通知你，略谓封面已在广州找人画，倘若画来不合用，再请钱君匋。现尚在等候广州回音。

二、倘在上海画，则当二卷一期付排时找人画，大概也来得及吧。届时我当有"设计"附在二卷一期稿中带上。

三、二卷一期全稿已就，三四日后有便人（张宗林），即使带去。

四、来信所说《旅途中》一文题下"笔记"二字改为"手记"，亦属不妥。"笔记"二字仅稍牵强而已，"手记"则不通矣。以后遇有此等情形，你还是不要改动。

五、征稿启事中"万字以上长篇"云云，并无遗漏，原来因为从前之征稿启事中用"三万字"字样，发生了难以回旋之病，故此次用了"万字以上"，——言"万字以上"即从万字起，二万三万都可以说也。不料你又把它改了。

其实大凡我手写手订之件，都看了两遍的，不会有错误及遗漏——你所不解或认为不妥者，我都自有其用意也。

六、司徒宗稿，第一次我看了笔迹，就知道是谁。文字欠生动，而最大缺憾是没有一股力。至于形象化不够，亦一大病。反正关于"报告文学"一类的作品，若精选则将无以满篇幅，向来就只存了"但问材料，不苛求技巧"之标准。凡与"书评"栏合排一处之稿皆属此项性质也。

七、以后每期页数，我将限定，十期可排出了卅四面，实出我意外。以后在限定了面数内倘有多出一面等情事，必须拼紧，使不多出；倘多出至二面以上则抽出文稿一篇。盖期期多出，我于支配稿费方面甚属困难。与书店之合同，是字数增多，稿费不增，多了字数，作者吃亏，我分配甚为难也。

八、总之，第一次随四、五期稿附上之关于编排方面的十几条原则，你必须记牢——不知此纸尚在否？可以取出再看一遍。

九、你至现在已向书店取过多少钱，望来信通知；因此间书店已向我扣去七十五元了。

即颂

日祺！

玄　九月十三日(1938)

若君：

　　挂号信取得了，原来是封面。现决定办法如下：

　　一、请对钱君匋说，因已有封面先寄来，故只好将他的一张搁下，以备日后换用。

　　二、拟送他报酬五元，但须于二卷一号出版时方能开单由上海划送，大约在下月二十日可以送出。

　　三、纪念特辑第二卷一期中排出许广平、王任叔、周建人、楼适夷等四人之文，及鲁迅遗书（致冶秋及曹聚仁信）二封。二卷二期则排出郑振铎、李南桌、曹白及另一人之文，又遗书二封。

　　四、二卷一期可以增至四十面，即共增八面——原定各稿（纪念稿以外者）不能挤进者皆可抽去。此中可抽者为：《文艺大众化提纲》《我们在潢川》。万不得已，尚可抽：《两个伤兵》及《我们这十四个》。但此外各篇万万不能抽。独幕剧不能抽，书评短评等皆不能抽。

　　五、二卷一期可加价三分，盖加价后我亦可要求加稿费；而此期的稿费万万不能以一百伍拾元为限了。

　　六、二期稿子，除纪念文外，可将一期留下的作品排进去，惟《文艺大众化提纲》一文千万不要排在二期。

　　《发光的旗》可以抽去。

　　如果一期留下之稿不能排入二期，则留在三期用。

　　七、二期面数最好不超出卅二面，至多超出一、二面。倘若照卅二面计，则二期全稿可做如此安排：a. 纪念文及鲁迅遗书；b. 《新生》（小说）及所附之诗六首；c. 《截击》等四篇及书评。此外所余，扫数归在三期内。

　　八、一期排好后余稿若干即来信开明篇目。

　　九、三期稿当于十月五日左右带出。

十、此信你必保留看到一期出版，因恐其中各条或阅后忘记需查看也。

余后白，即颂

日祺！

玄　九月十八日（1938）

附致许先生一信乞便带交。

又：《文阵》目录上凡两三字之题，近来都是排得紧紧的，字中间不用"四胚司"①很是难看，以后可酌用全个的或对开的"四胚司"，例如《敌人》可排成《敌人（三幕剧）》。

---

① 指排版用的空铅。

若君：

兹带上二期全稿，有须说明者：

一、上次之鲁迅纪念文，此间寄上二篇，上海有二篇或三篇，必须一齐排出，前信已说过，可以抽去《文艺大众化提纲》及《我们在潢川》二文，而《文艺大众化提纲》一文务必抽出。留在二期用。

二、此次附上之稿中，倘排出多在卅二面以上，则《发光的旗》一篇可以抽去。如果抽出此篇而不满卅二面者亦可抽去。

三、倘若上次还留下了《我们在潢川》一篇（即留下《文艺大众化提纲》以后尚留下此篇），则在这期内必须将它（《我们在潢川》）排出，无论是多出在卅二面以上，也必排出。因此篇（《在潢川》）有时间性，不能再搁也。

四、十期样本已经看到，除颜色与八期一样，又版口切得小了些，和以前各期一比，小出二三分来，这很不好。请对陈锡麟说，要他转嘱印刷所以后注意。

五、此次附上之插画材料，其中一张是预备留在三期用的，一次带上，请先铸版，该画原底是借来的，故请嘱制版处不可污损。

六、两次来信都收到。蔡绍敦我和他也不熟，且此公未必肯做经济校董吧？我向来不曾与他通过信，此时有事忽上三宝殿，也不好。

七、此次寄来之司徒宗一稿，应当再写得长些（其中有些地方还可以简练些）——把人物开展起来，多描写性格，不要那么勾几笔，只给一个概念。

其实他不必定要死抓住游击队来写，镇上小市民（他所最熟悉的几个人）自苏嘉路吃紧以后直至镇上来了敌兵后的各种动机都可以写的，比如我听说最初是烟赌盛行，市内及修真观空场上公然聚赌，

这也是好材料，可以写成报告的。

　　即颂

日祺！

玄　九月廿日（1938）

若君:

顷接十九日来信,具悉一一。现分开答复如下:

一、纪念文既已增多,则二卷一期面数不能不相当扩充些,但仍以不超过卅六面为度。振铎一篇不必等他,可以留在二期用。建人一篇应当在二卷一期用出。斯文一篇倘不甚长,则亦在二卷一期用出。曹白一篇倘任叔看过后可用,则亦留在第二期用。至于此间带去的,只有二篇,适夷一篇较短,可以在第一期用出,南桌一篇较长,且亦不大出色,留在二期用吧。

二、第二期稿今日带上。既一期有多稿留下,则二期中齐同之论文,亦不妨留在三期用了。三期尚无论文也。

三、二卷开始,篇幅增加,在平时是当然的,但在此间则因内地纸荒,故大为难;此层请与陈锡麟商量,倘彼赞成加多至四十面,而加售价为一毛五分或一毛六分,则我没有什么不可以。

四、一期《编后记》中请加一节为:"纪念特辑中尚有×××××(作者名及文题名)××××共×篇,因收到稍迟,并且篇幅所限,本期内不及登出,当于下期刊登,请作者原谅。"

五、一期稿是托王揆生带上(倘此信到时稿尚未来),你可以问任叔,找到王向他要。

六、"万字以上"云云是想鼓励好的长篇来,比如万伍千字的,倘真好,则致酬百元也可以办到。

即颂

日祺!

玄　九月廿二日(1938)

157

若君：

二期稿想已收到。曾有一信，内容如下：

一、一期纪念文太多，可将李南桌及曹白一篇留在二期用；振铎一篇如已交来，亦留在二期用。

二、一期篇幅可以多至卅八面，或四十面，定价加三分或四分，由陈锡麟决定。

三、一期《编后记》内应加一段，说明尚有纪念文何人何篇，排在二期中。

如是云云之信一封，已收到否？

前日有挂号信（想是你寄的，因为信封上写了沈仲方①只有你是用这名字的），要我自己去取，至今尚未取得。此间挂号信手续非常麻烦：（一）即使有了与信面姓名相同之图章，亦不中用，必须此图章曾在邮局登记注册，而我则无"仲方"两字之注册图章；（二）要铺保；（三）自往指定邮局，并须在指定时间（上午九时）去取，过时即不可得；（四）星期日及假日又不能取，而此间假日之多异乎寻常，非假日邮局每日办公时间亦只有九小时。

因此，一封挂号信（外埠来之快信，到此亦变为挂号信，因此间无快信，只有平信与挂号两种），往往比平信慢得多，有取一星期而未得者。我到此后吃过大亏，所以早就通知各地友人千万勿寄挂号，倘要寄挂号，则寄《立报》或香港生活书店转。想来你尚不知，故寄了挂号了。以后千万勿寄挂号。亦不寄快信，因快信至此反成了慢信。

------

① 沈仲方，茅盾别名。

一期稿是托王揆生带上，倘尚未到，可请任叔代找王揆生去取了来。

　　余无别事，即颂

日祺！

玄　九月廿五日（1938）

若君：

　　信收到，一期十九日也到了。但因华南战事既作，两广各地货运不通，无法运出。目下此间只能发往云南及南洋，为数不多。华中华北本由汉口翻印再发，然迄至现今，汉口仅翻印至六期，而印数亦不多，仅汉口、长沙可见，重庆、成都、西北各地，至今未见四、五等期。今两广又受影响，以后能否继续出版，殊成问题。盖销路太小，亦觉乏味，而稿件来源亦将稀少，因内地交通，日益困难也。现在惟有出一期算一期，随时可以停刊。上海方面销路如何？倘能在上海销去四五千，则尚有可为，否则花偌大力气，只有香港、云南、南洋三地可去，余地皆得不到书，亦太无谓也。

　　今日广州已丢，汉口退出度亦为不久之事。交通困难，书业受影响最大，出书计划，由大而小，由小而无。你想编什么书，目下是谈不到的。

　　此间情势将日趋严紧，盖广州既失，此间真成了孤岛，英帝国对日大概只有更恭顺，反日分子在此愈难立足。而生活程度之高涨，亦使人不能再久居。我们还是想到内地去，大概一月后即可决定。倘去，则将往西北耳。

　　匆复即颂

日祺！

玄　十月廿二日（1938）

若君：

　　兹附上五期全稿。此期稿子照我算，多了两面，没有办法，只好通通挤进去了。长稿太多，编配上甚感困难。

　　"文阵广播"四则，希望都能排进。

　　附二纸是给阿福的。我对他做了严格的批评。初作者立即多产，是危险的；而他已经到了这危险。他应当再用功。多写是练习之一道，但写时必须"惜墨如金"，冗词泛语、不必要的枝节通通删去。再者，他的感觉，也不见锐敏：故而无论写心理写自然都不免于浮而平凡。这方面，其实也可由刻苦学习而得进步的。

　　也许不久，我将有内地之行。《文阵》如何处置，那时再说。《安乐村》稿不用，退回。请即转交原作者。

　　即颂

日祺！

玄　十一月十六日(1938)

　　又，白封面颜色，还是不动；惟棕色太黑了些，下期应酌加棕些。请照原来画样配色。

　　校对太差，目次中有错字，而正文中错字及标点符号错落不齐之处，比比皆是。望下次注意。

　　附数信，请转交及转寄。

　　又附《文阵》广告一则，请务于三期中用出。

　　一信与许志行。

韵嫂①及乃茜②侄女：

六日来信早已收到。七日小曼的信（我附加了一两句），想能于十二日收到。现在这信到时，料想阿桑他们已经见过您及海珠③等等了。你们见过小钢④那时她不过五岁，转瞬十五岁过去了，父母对她的"理想"都成空想，现在是稂不稂，莠不莠，而明年冬大概又要复员；复员后如何？她父母又有个"理想"，可是我怕还是一场空。世事瞬息万变，三四年后如何，谁能逆睹？

小曼再去干校事，现在看来又可能推迟一年多。本来，出版局拟照中央规定，凡已工作者三年一轮下干校一年，文学社七一年调京的有若干人今年轮到，结果，或则有病正在治疗，或则有其他原因暂时不能下去，所以，一个也没走。现在是搞运动为主，而运动则要搞到年底（据说如此），预定要下去的就不下去了——暂时如此；但事情瞬息万变，最后如何，谁知道？嫂退休后如能来京多住些时，甚为欢迎。至于代我管家务，则不敢有劳，这不是我客气，因为嫂事实上退休后长离上海一年是不便的，因为表侄、侄女等在上海者多，有些事一定要您操心、主持。所以我只盼望嫂退休后来京住几个月，以后每年来京停几个月，那就两全其美了。

至于我的目疾，乃茜认为应当找个医生朋友看看，免得瞎跑。医生朋友是有的，可惜都不是眼科。我们一些老人都是在北京医院会诊室看病的；名为会诊室，可想而知是个特殊诊室，如果必要，也能请北京其他医院的专家来"会诊"，那真是会诊，平时只是给老

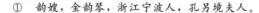

① 韵嫂，金韵琴，浙江宁波人，孔另境夫人。
② 乃茜，孔乃茜，孔另境与金韵琴之三女。
③ 海珠，孔海珠，孔另境与金韵琴之长女。
④ 小钢，即沈迈衡，茅盾之长孙女。

人们一个方便，随到随诊，不用等候，本院各科大夫必要时都到此室（其实是一个区，另门出入，有诊室九间，候诊处摆了一排沙发，可以聊天）来诊。我的病在左目，经放大瞳孔检查，确定为"老年盘状变形"，此是术语，我不解释，总之，是老年常有的，例如周建人，十年前和我今日之病情相仿，而今日，他的双目已几乎失明，三尺外不辨五指但见指形。这不是稀奇古怪的病，据说是老年人血管硬化而又不服老，用目过度，引起眼底血管破裂出血（其实当时不见血，只是眼酸痛而已），成此后遗症。据说是没法治好的。我打针（已卅五针，尚有五针）、服药、点眼药水等等，只是为了不使右目也同左目一样，并使左目不致完全失明。更进一步说，只是推迟恶化的过程而已。而药石之效究竟有限，主要是少用目，不要三四个小时不断用目，即不使目力过劳。下月我就满七十八岁了。竟然活了那么多年，非始料所及。但最近一年来血管硬化已显然可见，手指麻木，例如写这封信，开始时，眼、手指，都还听指挥，到后来，字迹歪斜，就是眼、手指，都不大听指挥了。这样的老年人，甚多；弄得好，还可以活五六[年]或七八年。我但愿如此，别无奢望。不写了，祝嫂身体健康，诸侄、侄女均此致意。

乃茜创作的稿本，由阿桑等带上，想已收到。

姐夫雁冰　六月十五日上午(1974)

韵嫂：

本月二日信及照片（您与胜芳①侄女合影）均早收到。我的目疾情况如下：双目均为老年性白内障（初发期）；右目视力 0.3，左目视力 0，一尺外不辨手指的数目。此因视网膜退化之故，医学名为老年性盘状变形。总之，都是老年病。打针、服药、点眼，都只能（从最好一面说）保其不再退化，或延缓其恶化而已。所幸右目尚好，看书（大字）写字勉强可以对付，但必须少看，看的时间不能长，半小时即须休息十多分钟然后再看，写字亦然。因此，我尽量少写信，写得短些。嫂来信中想象到退休后到我家情况，我亦有同样想望。您一定还能帮我做许多事也。但愿我能渡②过"两个五年计划"，即再活十年。

现在寄上一个纸箱，内装红枣及胶鞋两双，一是还你们的，二是送给你们的，因为在我们是多余的。取货凭单随信附上。货运慢些，接此信后三天去问，大概已经运到了。

京中连日较热，仍少雨。上海如何？

又：嫂二日来信大概忘记封了，我接到时封处开口，而又不是封后被人拆开。照片等都不缺少。

匆此，祝健康。各侄女均此。

姐夫雁冰　七月十日（1974）

给小曼买的汗背心早收到，她也有信给您了罢？

我现已暂停打针（即为目疾而注射），天气凉些，还要打。

---

①　胜芳，孔胜芳，孔另境与金韵琴之次女。

②　应为度。

韵嫂：

您好！收到七月九日信及所附照片两张。两个孩子弄不清谁是谁，戴眼镜的年轻妇女猜是慧今，余则海珠、乃茜是认得的，猜到和您同坐而不戴眼镜的大概是胜芳。其余的就猜不出来了。现在我也寄上我们的全家合影，一共只有六个人，你们一看就知道是谁了。这一张还是没有拍好，原因是对着阳光，我的眼睛受不住，不能睁得大大的，好像是在瞌睡。

至于目疾，惊动了各地好多亲友，纷纷为我探索治疗之方。杭州陈表弟介绍了上海新华医院的针挑白内障，但我双目是老年性白内障初发期，可以不动手术而服中药使其消退或至少不使发展。陕友介绍了一例，川友则为我弄来一个药方（系按照我所寄去的病历，请成都医学院颇负盛名的七十多岁的老中医开的方子）。可是该方有一味名为空青石的药，北京各药房多不知为何物，有些中医也都不识；北京医院会诊室的中医魏大夫（我请他治病有半年多了）知之，并曾见过，知为治眼药，但谓此物难得，北京买不到，不知四川有没有。据谓此空青石为小小石卵，佳者中有密封之自然水，摇之有声。此如玛瑙、水晶之为矿物，非人工可能制造也。我已函川友，询四川市上有此药否？如无，则何者可以代替。现在顺便告诉嫂，请询你们认识的中医，知此药否？沪上有售否？方便时问问便了，请勿为此劳神。

又，七月十五日寄来的保健按摩及信亦早收到。谢嫂关注。保健按摩颇有道理，犹诸简易太极拳，都是增强体质的祖国医术的精髓，但恐我不能持久行之。青年时对于运动、体育锻炼等，知其有效，但不能持久行之。如今老了，未必能坚持；但当勉力试为之。今每日都散步（在室内）数次，期能渐增其次数及每次之时间，医谓此亦助消化、愈失眠、强体质之一道，此则较易行之且坚持下去的。但能消化好，睡眠好（我已十多年非服安眠药不能成睡），就满足了。

近正物色新屋，拟搬一个较大较凉快的屋子。今所居，夏日则三楼甚热，而阿桑他们则住在三楼。期于夏季过后必搬。嫂明年退休，来京住时较舒服些；盖将专有客房以供嫂也。

为了节省目力，不多写了；但嫂如有暇，请多来信，长些也不妨。看信也还不太吃力。

专此祝

健康！

姐夫雁冰　七月廿五日（1974）

韵嫂：

八月三日信读悉。你从照片上看来，我精神很好，然而实际上近来一年不如一年，容易疲劳，走路两腿发抖，手指麻木，用脑稍久，比方说，半小时许，额上皮肤绷紧，如贴膏药。医生谓此乃血管硬化逐年加剧之表现。最近全身检查，结果是各种老年病逐渐发展，心律不齐，冠状动脉硬化，慢性支气管炎又新加肺气肿，仅肠胃病较好转，则服中药半年之功也。医生谓：只可稍微、慢慢散步，十多分钟即止，如心跳则立即停止。至于保健按摩，我以为可行，而医生以为不可；且谆嘱若行之数分钟心跳，即应停止。总之，血管硬化、心脏病，是主要病，保健按摩于血管硬化有好处（对于老年如我者，好处已不大），而于心脏病有坏处，此是矛盾。医生谓：凡广播操、太极拳、保健按摩等等，皆为对中年人的说法，至于年近八十而体质素来弱者，皆不但无益而有副作用。犹之，快将报废的汽车如开快车则一定出事故。我想，医生的话，有道理。但医生仍谓，如保养、休息得法，我是不会马上出事的。总之，体力劳动不相宜了，连保健按摩也不相宜。用脑时间应少，不可紧张。这样，大概还可活五六年或者再多一些。然而须防感冒发烧转为肺炎。现在，每天服西药四五种，Vc 我自己服（京中早传常服多服 Vc 有如何好处，原因是去年一个华裔美籍医生访京在北大演说有此言，其实是夸大的）。治心脏病、血管硬化之药二三种亦天天吃。然而这都是延缓恶化过程，非能起死回生，或返老还童也。对于病，我既不悲观，亦不存幻想。对于治疗，可行者则行，不可行者则止，如此而已。至于目疾，双目都为老年性白内障（初发期），可服中药以冀消除。川友所致方药，昨开始煎服，如何之处，一两个月方见分晓。但左目为黄斑盘状变形，视力几等于无，一尺外不辨物形，此则无法治好，虽打过四十支针，现仍内服药及滴眼，也只是防其或延缓其恶化而已。尚幸右目视力为 0.3，能看大字书，写信，然如雾中看花，仿佛而已。此信字迹不匀，半由目力弱，半由手指僵木。

京中连旬多雨，潮闷，室内三十度上下，虽不太热，但潮闷使人昏昏然。

目光渐昏花，不多写了。即颂健康。

并问侄女侄儿们安好！

姐夫雁冰　八月八日（1974）

韵嫂:

八月十一日信敬悉。

京中在八月中旬已经凉快，我甚至要穿衬绒袄。不料二十日后又突然连热，室外气温从卅度到卅三度，室内也升到廿七八度，幸而昨夜一阵雷雨，夜间凉了，今天又是多云，虽最高气温室外是卅度，但室内只有廿五度左右。大概以后不会再有前几天那样热了；不过，今年全世界气候反常，也难说就此一直凉下去了。

前信所说反革命匿名信的案子有何下落？这件事，在充分发动群众的情况下，是会水落石出的。

乃茜曾讲起上海新建五层大楼未竣工突然倒塌，死伤多人，不知查明了原因没有？我们猜想是地基负荷计算错误或钢材质量不好之故。钢材不合规格而造成严重事故的，外国经常有之。

治目疾（主要是消退双目初发期老年性白内障）的中药已经吃了十五帖。当然不会看出效果来。那位川医原说服食一个月后看情况转方。现在就打算这样做。川友代买的空青石粉有二斤之多，每帖药用五钱，估计可以用一个半月。那是一种黄土一样的东西，据说是四川中医学院（那位给我开药方的大夫即属此学院，也是七十多岁了）附属医院的工作人员亲自上山收集然后加工成粉状的。原来形状似雀卵，中空有核（据云初出土时中间有水，后来，此水就凝为固体），摇之有声，四川农民称为响石。此物出四川彭县某山某滩，离成都不远。川友代买的石粉即在该附属医院药房买得，大概四川外间的药房里也不一定有，难怪京、沪、杭都没有，且不知有此物也。附属医院药房卖此石粉是通过内部的，仅一毛六分钱一斤，便宜之至。该方子除此味外，尚有七八味药，都是便宜的东西，都是治目疾的。又，三七粉稍贵，七元多一两，每帖用一钱。三七粉另外冲

服，此粉味苦涩，大概这些药都不利于消化器官，所以那位大夫后来又加了一味鸡内金，炒、研成细末，也是冲服。

嫂安慰我，不要忧病；那封信大概吓了你一下罢？那是偶然忧虑的表现。谈实在话，我的大患在于全身血管逐渐硬化，年年有增。即如写字，最近笔划常常歪斜，即因手指僵木较前为甚之故。如用毛笔写大字倒好些，因为那是用腕不用指也。不多写了，祝健康。盼常来信消磨寂寞。

姐夫雁冰　八月廿八日(1974)

韵嫂：

八月廿九日的信由兴华①带来，早已读悉。我的健康情况和全家情况，兴华这几天都知道个大概，我不多说了。我的目疾仍吃川医的中药，现已吃了二十多帖，当然不会就见效果。大概吃它一个半月再转方。

张令萃，我记不起来了。许志行是在广州认识（一九二六年），后来也常常听到他的情况。不过我懒于写信（过去是忙，近来是精神不支），人家不来信，我无事也就不写信了。金学成是在抗战胜利后我去苏联访问之前住在上海的半年时，由另境介绍来过我寓，从此认识。请代我对张、许、金三同志表示问候，因目疾不多写字，恕不另柬。伟成②和明珠托他甚好。今年不成，也许明、后年有机会，因为，听说明、后年各省、市要招一大批工人，插队几年的青年将有最大的机会。北京市今年把下放郊区已三年的青年连同去年（还有前年）、今年未下放（独子等等）的青年共五万人都分派了工作，其中分派到财贸系统的占一半，即二万五千人。小宁③也分配去管仓库（烟、酒及食品仓库），据说是要把他们（仓库收高中毕业生是第一次）培养成骨干，目前先到第一线锻炼，即做装卸工作。这是市级领导亲自对他们说的，但世事万变，将来不可知。但总算有个盼头了。嫂对伟成、明珠事，也应作如是观。

现趁兴华回沪之便，请他带上叁百元，为嫂过节及杂项费用。钢丝行军床很好，难为海珠奔波。料想兴华、海珠不肯收床价，请

————————————————

① 兴华，即陈兴华，孔另境与金韵琴之婿（孔海珠的爱人）。

② 伟成，即孔伟成，孔另境与金韵琴之次子。以下的明珠，孔另境与金韵琴之幼女。

③ 小宁，即沈韦宁，茅盾之孙。

嫂在三百中分五十元给她，给垒垒^①添置衣物玩具。

乃茜何时结婚，请事先告诉我。

我们看定了一所房子，四合院，设置齐全，共有二十多间，我们可以有两个会客室，两间专用客房（现在没有，所以兴华来，只好委屈他睡行军床），现已动工修理，大概早则十月中，迟则十一月上旬可以搬进去。嫂如准退休（大概会批准），一定要来京住较长时间。纸也尽了，不多写。祝健康！

姐夫雁冰　九月七日(1974)

① 垒垒，陈宏垒，孔海珠之长子。

韵嫂：

六日信敬悉。小钢是五日夜车走的，还没有来信。她在北京十四日，又要玩，又要购买人家托买的东西，实在很忙，人家托买带去的东西（吃的用的），装了一个大旅行包，足有三十多斤重，又一个小些的旅行包，大部分是她带去分给战友们吃的东西，也有十七八斤重。临走前三天，不断有人找她，都是托带东西的。其中甚至有烙饼。她们部队里经常吃高粱，有些战友（十七八岁的小姑娘）就想吃烙饼。

兴华带去的衣服尺寸，据小曼说，不是小曼的，是兴华弄错了。现在将由小曼写信告诉你她的身材尺寸等等。其实乃茜不必急。倒是她的瘤，何时开刀，我很惦念。祝她顺利，并祝开刀后人会胖起来。韵嫂，你看小钢多胖？由于身材不高，显得更胖了。我常问及乃茜的婚期，一则因为她年龄到了，二则我有薄礼为她"添妆"。这不光是我一人，也代表故去的德沚的一点意思。"文革"时，乃茜来过北京，德沚见过她，很喜欢她。德沚因为自己的爱女不幸早逝，看见人家的好姑娘总是垂涎三尺的。她很早就为小钢、小宁准备了结婚时用的丝棉被，各人两条，都是绸缎被面，还有绣花枕套。这些东西，现在装在一个箱子里。她若在世，看到现在提倡迟婚，而且小曼他们早就不赞成那样华丽的被子，她是会有梦想落空之悲的。解放前，她持家俭朴，不过在衣着用具方面，她还是讲究的，至少比我的婶子们讲究；解放后，我劝她改一改她向来持家的严格作风（主要对男、女服务员），她不听，还是要自己上菜场。为了当时她经常出席各种宴会，她做了好多衣服，但在家又不舍得穿，另做家常衣服；为了自己下厨房，又有打补丁的下厨房衣服——却又怪，她不肯穿下厨房用的罩衫。想想，真叫人悲伤。死后，她的衣服（旗

袍、西式上衣），谁也不能穿，也不好改，现在还保存，有一些，送给我的表侄女（即陈瑜清之亲侄女），她丈夫是归国华侨，现在华侨事务委员会工作；另有大部分，仍填箱底。

纸也完了，不多写了，明天再写一纸给乃茜，一同寄上。祝工作顺利，身体健康。

姐夫雁冰　十月九日（1974）

韵嫂及海珠、乃茜内侄女：

十四日来信昨午后收到。兴华明天（十八）回沪，赶写此信，托他带上。未接你们的信时，已写一短简，并钱式①百元交给他了。钱是分给嫂与乃茜的。

兴华在我处，倒觉热闹些，只是我们款待不周到，有些抱歉。他也讲到乃茜的男朋友，我们听了很高兴。两人合计，正满五十岁，我们以为结婚不远了，哪里想到上海规定要满五十五岁，那就得再等待二年半，不知我能否看到他们成立圆满的小家庭？但愿能看到。

韵嫂说乃茜信上说的七十年代标准媳妇的话，会惹我发笑。老实说，我笑了，但不是笑她自吹自擂，而是赞许的笑，又是怜爱的笑。我看乃茜自提的几个标准，一点也不夸大，她固已有之，现在学烧菜，有志者事竟成，她是聪明人，有什么学不会的。但是看了她的信，我也有感慨，首先是为了卫平，其次为了乃茜。我不记得曾见过卫平否？但看他坚决要回江西（尽管他的插队兄弟都赖在上海，他现在一人回去，生活上有困难），他这坚毅的精神是叫人钦佩的。他的主意也是正确的。将来他际遇究竟如何，自难逆料，但眼前他只能这样办。北京青年去插队而又回来不肯再去的，据说不在少数——将近一半，天津情况不会好些。前天有个朋友来谈，她在公园中遇见五六个青年，同他们闲聊，知道他们全是去插队而又回来不愿去的。她问他们是否有苦闷（指在农村没有精神粮食等等），他们都说不是，而是"消极"。也就是说，看不到生活的意义和目的。我这朋友听了这话，大为感慨，认为从长远看，这是一个大问题，因为即使像这样的青年是少数，但也许还有沉默的多数在。所以我

① 原书信为式，现应作贰。

175

赞许卫平，虽然也为他感到悲凉，像乃茜说的在秋雨潇潇中送走了他时心上恺恺。

乃茜给过我几封信了，我从中看到她心潮起伏，最近这封使我感慨：她眼前不这么设想她的未来，难道还能有别的设想么？而从这中间，我看到她的开朗的心情，我是极为赞美的。她对自己的病的态度是正确的，不知她一面吃药，一面胃口如何？如果胃口好，要买点富于营养的东西吃。我给她的一点钱，聊供少助。将来继续服药，如果手头不够，尽管对我说，我做姑夫的，这方面还勉强可以帮助解决。乃茜也许不肯开口，韵嫂你代她说罢。卫平看来生活自给是困难的（这是普遍现象），韵嫂，你老实说，要我帮助么？伟成如何？他在何处？小妹明珠如何？希望便中相告。

海珠和乃茜都说到我的病，都很关心，韵嫂也在关心。其实，我不过是老病逢秋偶发，北京医院会诊室（高干的特殊门诊室）的大夫一定要我住院，所以就住了，不料一住就是一个月。现在好了，已不服药，也不咳了——倒是兴华，我看他的咳嗽比我严重。海珠介绍的"桔红丸"，我可以去弄到，广东方面有熟人。不过我现在试服灵芝酒（兴华知道，可惜他一点酒不能喝，否则也可以试试，北京有卖，钱不贵，一元五毛一瓶），此药的说明书说得天花乱坠，效果如何，且看久服以后了。不多写了。

祝你们健康如意。

姐夫玄　十月十七日上午(1974)

韵嫂及乃茜、仕中①：

接到乃茜从医院写的十七日信及仕中在乃茜开刀后一切顺利的讯息，非常高兴。我先看了乃茜十七日的信（其时尚未开刀），心里不免沉重。接着看了仕中十九日的信，这才放心了。医生既然肯为乃茜胃部拍张片子，仔细检查一下，这是大好事，一定要彻底诊治一下她的胃病。祝愿她的胃没有大问题。并再次祝她此后会胖起来，会比开刀前更强健。再者，如果检查胃有癌症，你们一定要和医生商量，能趁早开刀最好。希望乃茜加强战胜病魔的勇气和决心。癌不必怕，在于能先发制之。

汇上三百元，是给乃茜、仕中日后结婚的微薄意思。我们都盼望乃茜康复后便准备婚事，男女到了一定年龄而不结婚是不正常的。从前，"女子二十而嫁"，德沚二十岁结婚，孔家和我家的亲戚都说太迟了。我的母亲，因为是独女，外祖父择婿颇严，十九岁上半年订婚，下半年就结婚，亲戚们还说出嫁晚了。现在提倡晚婚，二十五岁结婚是适当的年龄。

仕中虽然第一次和我通讯，但我没看信尾署名，单看那一笔流利秀娟的行楷，就猜到是他。给我写信有什么冒昧？我喜欢你有暇常常来信，讲些你们的所见所闻。兴华在我家住过，知道我少出，但每天总有一两封来信，大部分是外地来的，有认识的，也有不相识的；有老的，也有中年和青年的。有些不认识的人来信诉冤，他们以为我可以帮他们解决问题，其实，我不在其位，只好把此种来信转给有关部门而已。明知有关部门接到这些告状的信也是搁起来的（要原谅他们实在忙，而且隔了几级，不了解情况，他们也难以下

---

① 仕中，陈仕中，孔乃茜的爱人。

手处理），但我算是尽了人事。

韵嫂和乃茜每次来信我都喜欢读之再三。因为你们都讲了些我所听不到的事，而且也是我意想不到的事——虽然是些琐事。不过因为目疾，我的答信总是短的，这是无可奈何，很遗憾的事。

不多写了，再次祝乃茜早日康复，祝你们都健康，身心愉快。

姑父雁冰　十月廿三日上午(1974)

月前胜芳从新疆来信，说她的一个同事写了些诗，想寄给我看看，问我允许否？我回答说可以。但至今未再来信，我怕信未寄到，因为我只照胜芳来信写的通讯处是新疆阿克苏大光毛纺厂；太简单，也许寄不到。韵嫂如有信给胜芳，乞为我询问一下。

海珠来信，已由小曼回答，想已收到。家具够了，不要从上海再买了。兴华的病想已好了。

韵嫂：

十一月廿九日信收到了。我们的参观于上周二结束。现在我们忙于搬家；新居为"大跃进路七条胡同十三号"。大约本月十五日以前搬去。昨天去看了修理后的新居，还满意。以后来信可用新址，寄旧址也可以转到。

寄来的衬衫收到了，颜色很好，乃茜手艺很好。小曼大概另有信给你，谢谢你们；并且不要再给小钢做了。因为她已有好几件衬衫，现在不需要再添了。乃茜又得一个月的病假，就该好好调养；如果她胃口好，那么，多吃点东西，一个月内虽不能胖许多，也会比过去丰腴些。至于小曼，是老肠胃病，虽然早已上班，但仍在服中药。

建英①也说有办法托火车上的列车员带油，但我以为其实也不便。因为除非列车员的家在北京，带到后放在北京，一面电话通知我们，我们派人去拿（而且也不能接到电话立即派人，有时派不出人来），那还可以；否则，列车员当然不能送到我家里，而他又要跟车回去，那就麻烦了。所以，请你带便去信谈到这点，不要勉强。我们这里也不是太缺油。况且已经带来十斤，还有放在上海的十斤。

匆匆，即颂

健康！

雁冰　十二月四日（1974）

---

① 建英，即孔建英，孔另境与金韵琴的长子。

韵嫂及海珠、兴华、乃茜：

　　海珠俩由陈国元同志带来的信及油十斤早已收到。其时正值搬家前夕，十分忙乱，不能即复。搬后又是忙乱了将近半个月，现在算是基本上安置好了。这次搬家自看定房子、修理（本来认为小修理即可，结果是暖气管全部换新，加了二个厕所——服务员及大司务等使用——车库——停放我专用的小轿车——拆造，其他上房也有拆造的，因而是大修了，但工人们谓屋顶基本上未动，算不得大翻修），未搬前书、物装箱（买了廿多元的纸箱，又麻袋十来元），搬后的整理布置，共花了七个月，然而搬，只一天完成，有三架卡车轮流往返搬运，在旧居装物件上卡车的有十人左右，在新居卸货的也有十多人，这些都是机关事务管理局的处级、科级及以下干部，作为劳动来帮忙一天的。我们本来以为可以找"搬运公司"，但管理局说："搬运公司"现只有老、弱、妇女，基本是街道组织，大非"文革"前之旧貌，找他们不解决问题，而且他们没有卡车，只有用人力的由三轮车改造的板车，小搬家（十来件东西，一二板车装完），他们尚能应付，像我这样大搬家（指书籍、什物、衣箱、家具之多），他们吃不消，只有管理局有车有人（干部劳动），才能办。这真使我们长了见识。我自四九年春由沈阳到北京，先住北京饭店，后来搬进文化部宿舍，其时只有箱子二只（还是在沈阳集体专车赴京时公家发的木箱，以装什物——因为在沈阳一个月，德沚随同一些民主人士太太天天上街买东西，无非瓶瓶罐罐之类），铺盖一个；家具等等，文化部当差给办了，不料一住二十七年，成了官僚，不知世情；韦韬他们搬过两次家，都是找"搬运公司"，时在"文革"前，凭此经验，还以为仍可找"搬运公司"，却不知道不是那回事了，真可笑。新居是八月初动工修理的，十一月中旬通知我；基本修好，让我去

看，其时，粉刷、油漆刚完，已生暖气一个月，但外院尚未打扫干净，他们意谓我将在十二月尾搬去，但我们因自十一月上旬起已将书籍、瓷器、挂在衣橱及壁橱里的衣服都装了箱，楼上楼下全是纸箱、网篮、麻袋，几于无处下足，因而决定于十二月十二日搬，通知了管理局，他们也觉措手不及，但我们要早搬，他们只好照办。这一来，就把打扫新居一事马马虎虎做了一下，因而搬进以后，除我住的后院上房因是地板，早已油漆，是干净的，韦韬夫妇住的前院上房因是花砖地，瓦工修房时落在地上的石灰、水泥，现已干透，铲也铲不下，大家叫苦；至于前院两厢房，作为饭厅及客厅的，情况亦复如此。这，都只能慢慢地用水磨工夫了。由于限期完工，外表倒挺好看，内部门窗及各个房门新配的锁都有问题，门窗关不严，锁不灵等等，直到现在算是都弄好了。半个月来，我们整理书、物，同时木匠来修门、窗、锁，我坐不定，所以直到今天写这回信。

现在先答海珠信上谈的一些事情。

胡乔木在北京医院时或碰到，说些闲话；他是前年春就回北京的，那时在北京医院看到，他说有病。今年国庆露面，他是不是四届人大代表，我不知道。我只知道中央建议由上海协商选出的四届人大五十五人的全部名单（其中大部分是住在北京的），至于北京市、天津市的代表名单，我不知道；也有住在北京（或工作在北京）而由各省选出的（向例如此，例如我一直是山东代表，赵丹在上海，而也一向是山东代表），我也不知道。以后如碰见胡乔木，当代海珠代达问候之意。

十一月中，统战部组织了一次集体参观，多时达四百人，我也参加了；参观了部队（北京军区×××师，即外宾们去参观的那个部队），看了军事表演，一整天；此外都是半天，项目是公社、工厂、大学（北大、清华）、新北京饭店，最后，北京市委请全体参观者在北京饭店宴会厅吃了一顿"便宴"，其实够丰富了，但还是说"便"，吴德同志等全部出席，他们是主人。此事，在十一月底结束，十二月起，我们就忙于搬家。因为，侧面消息，四届人大可能在新年一月下旬召开，开完会过春节。此所以我们要提前于十二月十二日搬家。

韵嫂十二月十八日信上说起中、西医结合疗治中心治视网膜脉络膜炎有奇效，并说北京协和眼科是出名的；但协和眼科尚不及同仁医院。我没有到同仁去看过，因为我这病并不新奇，左目是老年性黄斑盘状变形，右目是初期老年性白内障，后者正服中药，同时点西药眼药水，可望不至于迅速恶化，条件是少用目力。至于前者，据说国际上对此尚无办法。周建人六六年两目同时（略有先后）患此疾，多方求医，直到前年，视力只有二尺，根本不能看书（即使是大字书）写字，他才死了心，不再皇皇［惶惶］然求医了。他告诉我：国际上的经验又谓，倘一目患此症而另一目不患此症，则患者可保不再患此症了，所以我的右目大概能保持现状。

现在给乃茜讲几句。

希望她经过这短时间的休息，能够渐渐胖起来。她能多睡觉，极好；多睡多吃就能胖起来。年青人本来瘦的，无所谓，本来丰满而忽然消瘦就该使它胖起来。想不到仕中有那么个慢性格，无怪乃茜生气，应该教训他，使他改过来。但希望乃茜还是保持对他的感情，因为这不是有关政治、思想的大事，这是一种生活上的习惯。你们大家都对仕中这个不好的习惯痛下针砭，该可以使他改过来。不过，"斗争"他的不好习惯，还该用热忱爱护的口气，不可用硬话（乃茜也应如此，应当软硬兼施，委宛劝他），因为青年人自有自尊心的，伤了他的自尊心，会做出无理智的反应；要是弄到像乃茜信上所说的"拉倒"，那就太不好了，两人心上会永远留下个创伤的痕迹。韵嫂想能理会我的意思，善为调处的。

小钢何时复员尚无确信，大概新的一年的上半年总可以实现罢？

至于将来工作，现在虽有种种想法，总待那时看情况方能有把握，因为事情常有变化。反正，打算让她在家待一个时期，不急。

希望韵嫂来京玩玩，随你喜欢住多久，就住多久。我们为你准备的房间在前院上房（韦韬夫妇住的）与后院上房（我和小宁住的，将来小钢来了，就换小钢）之间的东小房，出门是个院子，到前院上房与后院上房都只几步，隔窗叫一声就听到。我住的是两大间（都比旧居最大的客厅还大些），外间做起居室，内间作卧室，起居室东小间现住小宁。纸完了，不多写了。

祝你们都过愉快的新年！

姐夫雁冰　十二月廿八日（1974）

韵嫂：

二日的信，附乃茜信又彩色年历片都收到了；另寄的年历片十六张也收到了。但是您说上月卅日您寄过一信内附年历片，却至今没有收到。想来被人盗去年历片，连信也给丢了。不知信中有何事见告，要紧不要紧？希望下次来信见告。

从今日下午起，我将参加一个"学习班"（此事请勿外传），离家十来天（仍在北京），在此时期，不能和您通信了。小曼他们仍在家。

我家的门牌换了，是交道口南三条十三号，小曼昨天给您寄信，也讲到这个。

您想象我们的新居很好，但来住时一定会失望。我们未搬进时先来看，觉得很好，搬进后也失望。因为一则工程潦草，外观堂皇，内里粗糙，有些门、窗不密缝，至今还找木匠来修；二则只有两排上房（坐北朝南的）还宽敞些，其他都是小间，不过从前大陆新村正房三分之二大；三则除了我住的两大间是地板（广漆），其他的都是花砖；花砖原来也不坏（看房子时就觉得那花砖光洁干净），然而因为修理，石灰、水泥掉在花砖上没有及时擦掉（泥瓦匠不负责），现在干了，就同天生一般，红色花砖（那是小块拼成的）有了许多白癍，一时没法弄干净。铲也铲不掉，想不出办法。也许到今年夏天，还不能还花砖的本来面目。

乃茜和仕中性格不同，不是原则问题，一急一慢，正好相济，比两个都是急性或都是慢性要好些。韵嫂说乃茜应当鼓励仕中，这是很对的。今天没有足够时间，我不另外给乃茜写信了。

韵嫂很关心我的目疾，谢谢。老年性白内障初发期可以服药消退，或至少阻止其恶化，我现在中西药并进。至于左目（老年性黄斑盘状变形），乃不治之症，国际上尚无办法。

　　匆此，祝

健康。

　　海珠、兴华、乃茜均此。

雁冰　元月七日（1975）

韵嫂：

　　前寄一信，想早收到。人大开过，我因稍稍累了，小病了二三天，现在恢复健康。现在全国都在学习人大通过的文件，想来你们也是在学习，一定很忙罢？但是我希望你能抽工夫给我们写个信来，我一直在惦念乃茜的健康，以及她和仕中的事。海珠夫妇身体好么？胡乔木是人大代表，我和他同组开会，已为海珠代致意。

　　昨天汇上三百元，是给嫂过春节及其他杂用的。我一直替你想，你一定经济上紧；虽然海珠、乃茜他们能自力更生，但三个插队的孩子，恐怕不能完全自给。我逢时逢节送你一点钱，实在是杯水车薪，无济于事。但邮汇每次限于三百元，而且一定恐怕弄得邻居都知道，恐防影响不好，所以只是逢时逢节或逢便人（如兴华出差来京）。你如今年退休，到京来住几个月，我将为你准备一笔不大的存款，你带回上海，你以为如何？至于卫平他们将来结婚，请通知我，让我送一点小礼。

　　每次你收到钱后，总是再三感谢，倒反使我不安。朋友有通财之义，何况至亲？何况我是比较富裕的。你到京来住，就看到我们买了若干不必要的东西，弄到搬家时背个大包袱，整理了半个月也还没整理齐全呢。

　　你听得上海一般群众对人大的反映么？如听得，请来信时随便写些，我很喜欢听。

　　不多写了，祝健康！

　　海珠、兴华、乃茜等均此问好！

姐夫雁　元月廿五日（1975）

韵嫂：

　　十三日信及彩色年历片均收到，小丹丹十分喜欢，谢谢"舅婆"。舅婆这个称呼，是我教她的。她很记得兴华，不教她，她自己就呼叔叔，反正她见中年人称叔叔，阿姨，老年人称老爷爷，但"舅婆"是什么关系，她不明白。我只好说：同奶奶一辈的。她知道奶奶，也认识，因为家里有照片；但"同一辈"，她却不能理解。幼儿园教唱"歌颂四届人大"，"批林批孔"的歌或快板，她都记住了，能唱，虽然不懂意义。她极爱看电影，《闪闪的红星》看过七八次，有些台词她会背诵；甚至《渡江侦察记》也看不厌，情节完全记住，比我强。现在的孩子早熟，是普遍的。

　　伟成的工作问题解决了，我也代你高兴。小妹的，走着瞧罢。现在事情多变。

　　青年思想问题，照来信所举三个例子，实在令人杞忧。最近……①

　　小宁近日身体不好，疑是肝炎，正验血。他这工作是很累的，因为天天打杂，东奔西走，例如新机器到了，他和同样学徒工的两三人就得去搬来；老师傅病了，送医院，也是他们的事；而他夜间又睡得迟，早上六时必须起身。因此，他自己感觉没精神，易疲，食欲不好。如果肝功能正常，那么，他这病态，只要多睡，工作之外，不再劳累（例如，有人拉他看电影，便不该去），过一个时期是会好的。

---

　　① 以下略有删节。（编者注）

不多写了。上海有什么新闻，来信请写些，以解闷。东北地震，小钢幸无恙。

　　匆匆即祝健康！

　　海珠等均此。

姐夫雁冰　二月十九日(1975)

韵嫂：

　　二月廿六日来信及年历片（给小丹丹的），又乃茜、仕中二月十五日信都读悉，迟迟作复，因欠信甚多，久欠者不得不先复也。乃茜、仕中信甚有味；乃茜谓春节期间代嫂到各姨处拜望，我知嫂姊妹甚多，但不知究有多少？大概都在上海罢，想来是很热闹的。仕中说到东北地震破坏之严重，大略与京中所传不相上下。究竟如何，现尚保密也。至于北京预测地震，最近连幼儿园也传达了，谓于近期内夜睡不可脱棉衣，以便闻警即起至室外。嫂谓我全家可到上海避之，能与嫂晤，并见见表侄女、儿辈，当然很好；但北京地震预测，谓本月七、八、九，三天当防有五至六级地震，又谓此后仍然会有或较大或较小之震动，日期现尚不能预告，并谓过了五月，乃脱离危险期，然则此非可短期趋避也。又谓最近之震中当在通县（离京二十公里），北京机场即在通县，若然，则到时机场的飞机大概要避一避了。飞机跳舞是会爆炸的，或先放掉机油，但机身也会碰坏。

　　总之，我们以不变应万变，原地不动，至多晚上穿棉衣睡觉而已；而我则向来是穿棉衣睡觉的。嫂听这话，大概会奇怪；其实，不算奇怪。因为我一夜中要醒三四次（虽然服了安眠药），每醒必起而小解，虽然室内气温是十七八度（那是在暖气封炉后，即在半夜两三点钟），但恐受凉（受凉则咳嗽，咳嗽则有发烧而得肺炎之虑），故穿薄棉衣、裤睡觉。这些情况，十足是暮年血衰怕冷气候；从前（十年前）见吴玉章老秋季出席晚会时穿了皮大衣，（我们只穿毛衣）深以为奇，今乃知不足奇，而且也轮到我自己了。

　　眼睛有点昏眊了，因为已写了两封信，这是第三封，不再多写了，以后再谈。祝嫂健康。海珠姊妹等均此致意！

姊夫雁冰　三月六日（1975）

韵嫂：

三月十二日来信敬悉。

北京地震预测日期早过去了，全无动静；反而是东北地震时北京有轻微震动。据说将来还会有警报，直至五月云云。上周，管理局（全名为国务院机关事务管理局）及北京房管局来了七八个人（据云中间有工程师），把我的住房逐间仔细检查，还到屋顶上去看，结果没说什么，意即此房经得住五到六级，甚至七级地震也不会倒塌，这样，连小曼也安心了；本来我和韦韬是不在乎的，小曼最担心。

嫂拟于下月来京，欢迎之至；但看来信口气，似乎申请退休甚易得到批准；我们却不这样想。小曼社中有人申请退休，已经一年多了，仍然被搁着。嫂趁早申请是好的。我们祝您此事顺利完成，早日来京。

《创业》影片，北京仍在放映（最初是七八个电影院同时放映）。也早听说有问题，略如来信所述，其所以仍放映，是不便一下收，恐影响不好，要慢慢地收。我是最早在政协看的，其时外边尚未公映。纸完了，即颂健康！

姐夫雁冰　三月十七日上午(1975)

韵嫂：

　　本月十三信收到。我住院十二天，起因是感冒，但后来为烧退后求其巩固，继续注射庆大霉素，停止注射后又检查全身，所以多住了几天。检查结果，出院时已知肝、肾，功能正常；肠胃病已消除（此则去年春连服半年中医汤药之功）；冠状动脉硬化如常，未见进展，心电图上看来，没有变异；慢性支气管炎亦未见恶化；左肺后部仍时有罗音，故仍须小心，不使感冒，盖感冒发烧即能引起慢性气管炎突然急性发作，极大可能引起肺炎，那就危险了——对于我这样年龄的人。胆固醇是否正常，日内将得结论。总之，各种老年病应有尽有，但都不严重，医生们交口说我身体好（就年龄论），我想来大概还可以活四五年。但鉴于邵力子、丁西林（比我大三、四岁至十多岁）那样好身体，会"无疾而终"，则生命无常，亦正未可料也。邵逝世之日，早晨照常散步七八里，晚上照常饮食谈笑，临睡照常听广播（邵有习惯，每晚必在床上听广播，谓此即可代催眠曲），但次晨八时未起身，邵夫人进房唤他（他俩邻室而异榻），则已仙去矣。我在北京医院时问过医生此为何症；医生谓可能夜来有恶［噩］梦，梦中神经紧张，脑血管因供血不足而梗塞，遂致断气。睡眠中安安静静死了的，尚有王稼祥（他逝世时不到七十，平日身体无病），他与夫人同床，夫人不知其何时断气，同在一床，夫人亦不觉他夜来有何不安宁、辗转反侧之异态，但早上觉身边之人凉气冰肤，摸之则已僵硬了。韵嫂，你看，天下常有出人意料之事，生死亦然。不过请放心，我不会因此而终日戚戚，我是乐观的。现在每天吃药八种，或为增强体质，或为对付冠心病与慢性支气管炎。尽人事以俟天命，心安理得。

　　以上闲话太多了，下面谈点正经事罢。

嫂谓乃茜今年不准备结婚了，为的是想为小家庭积些钱。我不知乃茜今年几岁了，猜想已有二十七岁了罢？姑娘们到这年龄，该结婚了，还等待什么？至于"为小家庭积些钱"，我想他俩收入不多，每月能积多少呢，一年能积多少呢？这点钱，我还能代他们了之。德沚与我结婚时（我们是五岁订婚，因沈家与孔家世交），还是一个不知道北京比上海远呢或近的地方，只认识孔字、沈字及数目字的娇憨、天真的姑娘（虽然那时她已二十岁），但她有志气，要求进步，在结婚后的三朝内，她就要我教她识字，讲些关于历史及国内、国外形势的常识，十天后我回上海工作，她留乌镇，就由我母亲教识字写字，以及其他知识。她进步很快，后来我们迁居上海，她眼界宽了，参加革命工作，朋友也多了，做妇女运动很积极，活动范围除女学生、家庭妇女，还有高级知识分子，以及革命老前辈如孙夫人宋庆龄。孙夫人很喜欢她，所以鲁迅逝世时，治丧委员会派她专门侍候孙夫人，寸步不离。因此，我和德沚虽不是先认识、谈恋爱，然后结婚，但我爱之敬重之。她关心你们，她不幸先我而去世，关心你们的责任自然由我担任。如果我处境不宽裕，那也有心无力。但我手头是宽裕的，所以，嫂，你不要客气，不要帮助你们一点点而再三道谢，又说是心中不安。乃茜他们今年下半年结婚也好，缺少什么，需钱若干，请嫂直说，我来解决。

还有些家常话，下次再说。现在谈上海所传郭老呈主席的两首诗。在北京，一年前就知有此两首诗。但来函抄示的第二首不是郭老的诗，而是胡绳于一九七三年在干校写自我检讨时写在这检讨书的后面的，没有题目，也不是呈主席的。大概郭老于七四年写"春雷动地布昭苏"七律时已看到胡绳的诗，所以他诗的首联与胡诗的首联与结句相吻合。但平心而论，胡诗首联用典故很自然（典故略谓骊龙颔下有珠，入龙穴者如得此珠，即成大智慧），而郭诗"苍海群龙竞吐珠"则牵强。又胡诗第五句的"怨"字应是"逃"字（此句典出《庄

192

子》），第七句的"天"字应是"大"字，"天"字平声，此处应用仄声，第八句你不认识的字是"觉"字。① 至于胡诗大意，我也可以解释一下，俾知此诗实胜于郭诗，但今次没有工夫了，手也写得酸了，下次再谈。

匆此即颂
健康！

姐夫雁冰　四月十七日（1975）

———————

① 胡绳同志在一九八三年二月二十七日致金韵琴的信末曾附加说明："茅公对这首诗中的一些字眼的校正都是对的，只有第七句第六字确是天字（不是大字），这里用的是个平声字。"

韵嫂：

　　六日来信敬悉。三日我有一信（是答复您四月廿六日的来信），想来现在已经收到。来信说看了五一游园的见报照片，觉到我胖了，精神很好，不像望八老翁。这照片是不足为凭的，一、因为摄时角度关系，会比本人胖些，二、看表演只坐了十几分钟，当然精神不至于不能支持。其实所谓游园，就只是拍这么一张照，报上登一登，在这以前是在另一处休息（离拍照处只有十来步），喝茶、吃点心、闲谈，拍完照，就上船游昆明湖，也是喝茶、点心、聊天。约半小时，到另一处休息，然后回家。我们的汽车是开进园内（一般只能停车在园外，那就要走一二里路方能进园），游园一次，我总共走了二十几步，如果连这二十几步都不能走，那又会用轮转椅把我推来推去，一步也不用走了。每次五一、国庆游艺，允许带家属五人，另外是服务员一人，是扶七八十岁的人的（周建人就有八十七岁，他是要人家扶着走的，和我一样），阿桑、小曼、小宁、小丹丹都去了，不过进园以后，他们自去活动（如果跟着我，他们觉得看的东西太少了，不畅快），到五点钟或稍迟，他们就到我游湖后休息的地方同我会齐，一同上车回家。至于五一以外的其他活动，庆祝金边解放大会只一小时就完，庆祝西贡解放大会也只一小时二十分，我只能坐着听演讲、喝茶，开会以前在江苏厅休息，也是喝茶，江苏厅到大会主席台，也只走十来步。

　　至于我的健康状况的真实情况，医生已有暗示：一、如果觉得心头胀闷，切不可动，应打电话到医院，他们派医生来诊；二、每月要去复查一次（下月中旬就要去）；三、在家只宜稍稍散步，觉得心跳，就停止。这都是因为我有心脏病。因为邵力子、丁西林，还有王稼祥及其他一些不大知名的人，都是下午还出外理发，看朋友，

194

晚饭尚与家中人说说笑笑，而第二天早晨发见已经死了（丁西林是九点上床时脱衣一半，"哦"了一声就断气了），所以北京医院会诊室对于我们这些快八十岁而有心脏病，看上去精神不坏的人十分小心。我也不知何时会一睡下去就此再也不醒来，不过，今年大概不会如此。明年呢，难说。我自己知道，一年不如一年，今年比去年差多了。所以很盼望您照原定计划来京。至于为了迟一二年退休能每月多得退休金五元，那是小事；我为您解决……①记得从前信上同您谈过。这是我早已准备好了的。……但这是不能汇的，等您来了后回沪时带去。

　　写到这里，接六日晚信，知有任务，校对珍贵的书，那么，不知是否还准你在五月底退休否？我劝您决心退休了罢，何必恋此区区。不多写了，即颂

健康！

姐夫雁冰　五月九日（1975）

———————

① 此处及后句均略有删节。

韵嫂：

　　五月廿四日信早到，因事迟复为歉。这封信您收到时大概正忙于准备来京。但仍盼赴蚌有了日期先来一信。嫂要自制一套家常便服送给我，我很高兴；但这样，又要您忙中抽出工夫来，我又不安。

　　梅龚彬新近放出来了（"文化大革命"时关在卫戍区），但未作结论（"五一"前把关押的人大部分释放，都未作结论），所以他也不同人家来往，我们也暂时不好去找他。至于陈云裳，五年前德沚逝世时，我曾派人送信通知，可是她竟不来，以后一直未来过，不知尚在原处否？政协组织参观，将去成都、昆明等地，胡愈之等都去，我因心脏病、肺气肿等病，平日多走几步路就要心跳气喘，医生已警告不可多动，因此没有参加这次长途、日久的参观。我的病情之日见不妙，从表面是看不出来的，所谓"如入水中，冷暖自知"。瑜清的侄女婿伍禅（华侨，四届——亦二、三届人大代表），他也患同样的心脏病，他的儿子及姨侄儿、[侄]女多人全是医生，他们说，患此病者，不宜太喜、太怒、太哀伤——总之，不使受刺激（有个李蒸，看了影片《爆炸》，因为剧情紧张，当场发病，回家即死，这是北京医院的医生告诉我的，李是民革成员）；所以伍禅说，这样，只好做和尚了，但和尚要"五蕴皆空"，也不易。好了，见面谈罢。
即颂
健康！

姐夫雁冰　六月二日（1975）

下篇

茅盾写给晚辈的信件

（3 封）

七、茅盾写给内侄女孔海珠、
表侄女陈慧英、
堂外甥祝人杰的信（3封）

【编者的话】

茅盾是个有大爱的人，对子女、亲戚都很关心，对晚辈更是关怀备至。

茅盾的内侄女孔海珠曾这样深情地回忆自己的姑父："他愿意倾听孩子们的声音，帮助我们学习生活，分析问题，清楚地了解每个孩子的工作情况、学习情况、健康情况，关心我们的成长。"

本书收录了茅盾写给内侄女孔海珠、表侄女陈慧英、堂外甥祝人杰的三封信，其中给孔海珠和祝人杰的两封信，都写于两人失去至亲之时。面对两位遭遇巨大变故的年轻人，茅盾在信中安慰他们，勉励他们努力工作、刻苦学习、追求进步，努力在政治思想上提高自己。

茅盾认为自己虽然无力改变亲人的命运，但尽己所能地关心和帮助他们，是自己的责任。这些书信的字里行间，体现了茅盾身为长辈的慈爱之心。

海珠内侄女并转韵琴嫂：

九月廿六日来信并照片都收到了。

读信后不胜感慨，世事难得公平，我闲居简出，偶有友朋过谈，所闻不少，同声一叹。另境已故，数年医药报销，恐将不了了之，争也未必有效也。插队多年，只能糊口，衣服零用就没着落，我所闻如此，就靠家庭量力接济。有则多用，少则少用。海珠所言，大为达观，但如疾病忽来，无可奈何；我当量力接济。

另境糖尿病久久未能根治，必然会因感冒或其他原因一时间并发他症，遂至不治，其势至猛，其时至短，与德沚同。惟德沚则赴院时神智尚清，汽车行五分钟至院，扶进急症室（她体温正常，所以进急症室，因其时神志不清），也输氧气，注葡萄糖（或盐水，已记不清），至夜半逝去，始终神志不清，不发一言。如此遽尔淹忽，生者固悲怆罔极，在死者早离尘世，少受病床之痛苦，未始非一乐也。盖事既如此，不得不聊且譬慰耳。

我今春大检查身体，发现许多老年病，打印之总结，多至二纸，始而惊骇，继则一笑置之。现惟小心寒温，不使感冒，饮食起居有规有节，劳逸适中，俟其灯尽油干之一日。不耐久坐，故常偃卧阅读书报，懒于写信，亦缘此故。

我本恬淡，极少欲求，今既七十有六，更形懒散。信笔写来，不觉哓舌已多，即此顺颂
健康进步！

姑父雁冰　十月六日（1972）

盼望时常来信。

我到沪治病之谣，不知从何而起？真正怪事。我懒得动，平居简出家门，更何论出北京乎？附去照片二帧，皆手头现有者，曾照全家之彩色片，惜已为人抢光。

惠英①表侄女：

　　前得瑜清表弟函，知道他移居烽英家，在京可住两个月。我请他在本月四日（星期日）下午到我家一叙，便饭；拟请您与伍禅同志也在这个时候（四日下午）来我家，大家畅谈。如果阿欣有暇，也请同来。请与瑜清弟联系，一同来。如果这样安排在你们是方便的话，请来电话为盼（电话：444089）。匆此顺颂

健康！

　　　　　　　　　　　　　　　　　　沈雁冰　七月一日（1976）

　　阿欣，是不是我记错了名字，我是指长病后本得康复，并同您来过的那一位。

---

①　原书信为惠，应作慧。指陈慧英，伍禅夫人，茅盾表侄女。

人杰甥①：

　　来信都收到了。你大姨来信说，你在锅厂工作，现在每月可得工资约卅元，待遇不错。这是镇领导看在你已故的母亲面上照顾你的。你应当努力工作，生活节俭，刻苦学习，努力在政治思想上提高自己。你的父亲有历史问题，我最近才知道。后来又知道你的大姨和二舅都怕他连累你，我现在希望你思想上脱离你父亲的影响，务求政治上进步，争取做个好工人。如果你脱离政治，只搞业务，你的前途是有限的。至于你需要旧衣服，我正在找我孙子的旧衣，找好了就寄给你。

　　我近患目疾，写字不方便，不多写了。即问近好。

舅父雁冰　五月十八日(1974)

---

　　①　祝人杰，茅盾四叔沈季豪的女儿沈凤钦的儿子。

编后语

此次出版的《茅盾家书》中所选书信，由茅盾著作版权所有人授权，从已刊书信中选编。相信读者读之品之，在人生、事业、梦想等方面，都会有一定的启迪。

2022 年 6 月 30 日